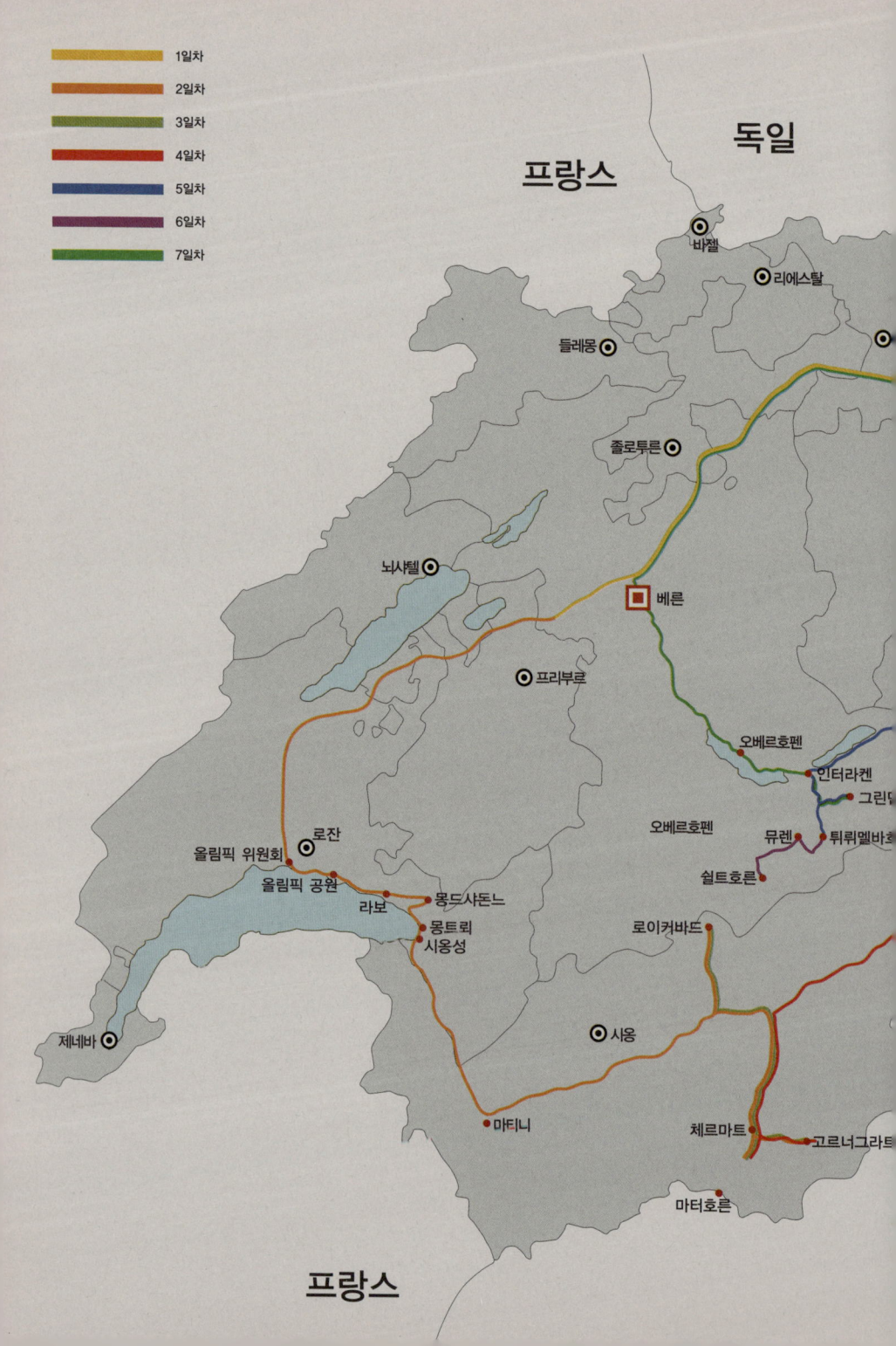

마터호른

외로움이
나를
아름답게
한다

마터호른

외로움이
나를
아름답게
한다

1판 1쇄 인쇄 | 2013년 5월 25일
1판 1쇄 발행 | 2013년 5월 30일

지은이 | 정보근
펴낸이 | 김경배
펴낸곳 | 시간여행
디자인 | 디자인홍시
등 록 | 제313-210-125호(2010년 4월 28일)
주 소 | 서울시 마포구 서교동 394-66 동우빌딩 3층
전 화 | 070-4032-3664
이메일 | jisubala@hanmail.net

종 이 | 화인페이퍼
인 쇄 | 한영문화사

ISBN 978-89-967828-9-6 13980

값은 표지 뒷면에 표기되어 있습니다.
잘못된 책은 구입하신 서점에서 바꾸어 드립니다.

이 도서의 국립중앙도서관 출판시도서목록(CIP)은 e-CIP홈페이지(http://seoji.nl.go.kr)와
국가자료공동목록시스템(http://www.nl.go.kr/kolisnet)에서 이용하실 수 있습니다.
(CIP제어번호: CIP2013006480)

마터호른

외로움이 나를 아름답게 한다

정보근 여행에세이

차 례

프롤로그
스위스는, 일상을 모아 환상으로 남아 있습니다 8

Part 01 넘나듦이 편안해지면….
01 라인 폭포, 지금도 백마는 포세이돈의 마차를 끈다 18
02 샤프하우젠, 과거와 현재를 공유하다 23
03 다른 것이 아름답다 32
04 보이는 것의 평온과 보이지 않는 것의 불편 36

Part 02 이야기를 풀어서 명품을 살리고
01 에비앙, 스토리를 명품으로 바꾸다 46
02 세 개의 태양이 뜨는 라보의 포도원 49
03 보고 싶은 것만 보고 믿고 싶은 것만 믿는다 55
04 시옹의 죄수, 자유를 위해 차가운 돌바닥에 머물다 65
05 로이커바드, 산속의 섬 68

Part 03 초연해서 홀로 우뚝한 마터호른처럼

01 그저 담백하게 82

02 고립되거나 위험을 견뎌 보았는가 87

03 마터호른, 산들의 황제처럼 95

04 보이는 것을 믿는 것이 아니라 경험으로 판단한다 107

Part 04 다름으로 더욱 풍성한 루가노

01 준비하는 사람만 준비한 것을 즐긴다 117

02 바람도 물도 나무와 산도 사람이 만든 길로 흐른다 121

03 나폴리 요리사, 단순함으로 미각을 사로잡는다 128

04 헤르만 헤세와 허르만 허세가 있는 몬타뇰라 134

05 때를 맞춰야 요리도 맛이 좋다 140

Part 05 나를 가꾼다는 것

01 자신만의 이야기로 153

02 물 위에선 싸우고 흘러가는 곳에선 방어하고 159

03 지난 여름에 있었던 일은 사람들이 알게 하고 166

04 할 수있는 일과 할 수 없는 일을 구분하면서 170

Part 06 때로는 가장 높은 곳에서 가장 낮은 곳으로

01 떨어지는 것이 아름다운 것도 있고 187

02 높이 오른다고 자유로운 것도 아니고 190

03 얽히고설킨들, 나무 한 그루도 키우지 못할 바에 193

04 생각이라도 하면 보이지 않는 것도 볼 수 있을까 200

05 모여서 먹는 모치모치 퐁듀를 먹으며 203

06 햇살이 들지 않는 굴에도 폭포는 떨어진다 207

Part 07 절제는 호숫물도 투명하게 한다

01 호수와 호수 사이의 도시, 인터라켄에서 217

02 마음과 마음을 이어주는 상품, 오베르호펜의 호수와 성에서 223

03 빛과 그림자는 어디서나 공존하고 225

04 절제는 호숫물을 투명하게 한다 230

에필로그

환상을 만들고 싶다면 불편하더라도 무대에 올라가세요 236

프롤로그

스위스는, 일상에서 환상을 만들고 있습니다

　참 분주했습니다.
　오랫동안 일을 찾아 다녔지요. 사무실에서, 공장에서 아니면 바이어와 고객을 찾아 다녔지요. 그들이 좋아하는 것이 무엇인지를 알기 위해 연구하고 만들고 전달하려 했습니다. 그 어떤 나라라도 만나야 할 사람이 있으면 찾아갔지요. 내가 꿈꾼 것을 계획하고 실현해서, 그것을 사용하면서 즐거워하는 사람들의 모습을 보는 것이 좋았습니다. 그래서 나는 내가 하는 일이 좋았습니다.
　그렇게 시간이 쌓이면서 실적과 경험도 쌓였지만, 나의 꿈은 사라지고 있었습니다. 이룰 수 없는 꿈일지라도 나를 위한 꿈이 있었으면 했습니다. 25년의 회사 생활을 접으면서 내 꿈을 되살릴 수 있는 선물이 필요했습니다.
　유럽을 수십 번 갔으나 알프스는 단 한 번도 가지를 못했습니다. 로마나 밀라노에서 파리나 프랑크푸르트, 런던으로 가는 비행기에서 알프스를 내려다보기만 했습니다.
　금빛 장신구처럼 빛나는 때가 있었는가 하면 선홍색 용암처럼 들끓더군요. 짙은 녹색의 삼림과 에메랄드 빛 호수가 눈을 시원하게 하는가 하면 하얀 솜처럼 펼쳐진 알프스의 설산은 왠지 눕고 싶다는 생각도 했습니다.

　몽환적이랄까요, 환상적이랄까요. 알프스에 있는 장면들이 나를 편안하게 할 것 같았습니다. 나의 새로운 삶에 활력이 될 것으로 생각했지요.

　그러나 스위스는 하늘에서 보았던 스위스가 아니었습니다.

　줄곧 내리는 비, 가는 곳마다 내야 하는 이용료와 관람료, 보수된 유적들, 물의 흐름을 막고 있는 보, 수없이 나타나는 터널, 최근에 그린 듯한 프레스코화. 셀 수 없이 많은 비행장, 가도 가도 끝이 없이 펼쳐지는 광활한 초지를 보면서 나는 서서히 불편하다고 생각했습니다. 게다가 알프스의 산은 어디에서도 보이지 않더군요.

　여행 이튿날, 오후가 되어서야 비로소 아득하게 멀리 있는 알프스의 능선을 희미하게 볼 수 있었습니다. 이제야 알프스 속으로 들어가는 것이지요.

　색의 마술을 보여주는 로이커바드의 일출, 초연해서 홀로 자유로운 마터호른, 높으나 생명이 없는 쉴트호른, 삶과 죽음이 공존하는 그린덴발트 계곡, 거대한 수직 암벽 노스페이스, 진리의 라우터브루넨 계곡. 산과 계곡 그리고 절벽은 신비하거나 장엄하고 거칠거나 투박합니다. 황량한 그대로의 민낯을 보여주며 질긴 생명력을 보여주더군요.

　물은 스위스인의 삶인양 맑고 투명하며 햇살에 반짝입니다. 산이나 하늘 혹은 물의 수심에 따라 강과 호수의 물빛은 수시로 바뀌며 주변 풍경과 어울립니다. 강물은 급하게 달리거나 여유롭게 흘러 몇 십 년을 호수에서 머물다 바다로 빠져 나갑니다.

역사를 획득한 이야기는 사람들 사이에 회자되며 가치를 부여받거나 명품이 되지요.

《시옹성의 죄수》를 쓴 바이런은 자유를 갈망하는 사람을 시옹성으로 불러 모았고, 프랑스 레세르 후작의 이야기는 에비앙의 샘물을 세계적인 생수회사로 성장시켰습니다. 천 년의 역사를 간직한 포도 재배 과정을 고스란히 보존하고 있는 라보의 포도원에는 세 개의 태양이 포도주를 더욱 고급스럽게 합니다. 786명의 스위스 용병을 추모하기 위해 조각한 '빈사의 사자상'은 스위스인의 용맹함과 신용을 보증하는 상징이 되었지요.

알프스는 원래 아름다운 땅은 아니었습니다.

봄에는 산사태 방지를 위해 나무를 심고 초지를 관리해야 합니다. 여름에는 큰물을 대비해야 하고, 가을에는 겨울을 나기 위한 시설물을 보완해야 하고, 겨울에는 눈사태를 방지해야 합니다. 만약 무엇 하나라도 관리가 되지 않으면 순식간에 훼손될 지형입니다.

그럼에도 강과 호수는 하나같이 맑고 깨끗합니다. 들과 산은 나무와 풀들이 햇살을 받으면 짙푸른 녹음으로 뒤덮입니다. 물을 오염시키지 않으려고 음식 국물을 함부로 버리지 않았고, 인산염이 없는 세제를 사용하고, 목욕보다는 샤워를 합니다. 스위스 사람은 일상에서 불편함을 감수하는 절제된 생활로 알프스를 가꾸고 있었습니다. 하늘에서 내려다본 알프스가 환상이었듯, 지상에서 본 알프스 또한 환상이었습니다. 환상적인 스위스의 자연 풍경 뒤에는 스위스인의 피와 땀이 배어 있었지요.

 아름다운 자연을, 문화를 유지하고자 스위스인은 지금도 전쟁 중입니다.

 숱하게 많은 비행장과 탱크 진입을 막기 위한 방벽으로 전쟁 준비만 하는 것이 아니라 자연을 살리고 보호하기 위해 전쟁을 치루고 있었습니다. 자연과 문화유산을 유지하고, 자신들의 명예를 지키면서 온전하게 자유로워지고자 자본과 전쟁 중이었습니다.

 자신들의 자존을 위해 일관되고 치밀하게 생활합니다. 자신들의 삶에 가치를 부여하고 생활을 역사로 바꿉니다. 스위스는, 일상에서 환상을 만들고 있었습니다.

2013. 5. 25.
— 마터호른을 생각하며 정보근

Part 01

넘나듦이
편안해지면

시계를 보기 위해 손을 올리다가 낯선 벽 때문에 깜짝 놀란다. 집이 아니다. 집이 아니면 출장지였는데 오늘은 출장지도 아니다. 나는 이내 여행 중임을 깨닫는다. 조금 느긋해진 마음으로 침대에서 일어나 커튼을 젖히고 밖을 본다.

비가 온다.

취리히 공항에서부터 내리기 시작했던 비는 아직도 그칠 생각이 없나 보다. 구름 한 점 없는 파란 하늘에 아침 햇살을 받아 붉은 지붕들이 서서히 금빛으로 물드는 풍경을 기대했건만 이 비가 붉은 지붕을 검붉게 물들이고 나무와 하늘을 스산하게 한다. 풍광 좋은 스위스가, 유럽의 지붕이라는 이 땅이 이 비에 물바다가 될 것 같은 기분이다.

회사 업무 때문에 외국 출장을 20여 년 다녔다. 출장이 잦고 일이 바빠 출장 기간은 항상 짧았다. 이틀 이상 머문 도시는 손가락을 꼽을 정도로 작았다. 나폴리 출장 중에 잠시 짬을 내어 들린 폼페이 외에는 유적지를 찾아서 가 볼 여유가 없었다. 출장이 잦아지면서 외국의 낯선 도시도 어느새 눈에 익어 낯선 곳에 대한 동경이나 설렘이 사라졌다.

그렇게 이국의 도시를 떠돌던 어느 날, 나는 그곳에서 만나는 사람들이 어떤 자연과 문화에서 살아왔는지 궁금해지기 시작했다. 그들이 나고 자란 자연과 문화를 알고 싶다는 호기심이 갈수록 커졌다. 그 때문에 나는 아무런 목적도 없이, 아주 느긋하게, 보이는 것만 보면서 마음이 흘러가는 대로 자유로운 여행을 하고 싶었다. 어쩌면 지금 이곳에서 내리는 비가 그 목마름을 해결해 주려는 징조일지도 모르겠다.

천천히 식당에 왔더니 간밤에 함께 온 일행들만 앉아 있다.

유럽의 아침은 대륙식 Continental Breakfast 이거나 영국식 English Breakfast 이다.

대륙식 식단은 치아가 부실한 사람은 먹기 어려울 정도로 딱딱하고 시큼한 호밀 빵에 차가운 햄이나 얇은 치즈 몇 조각과 잼이 전부다. 음식 문화가 발달한 프랑스도 아침은 잼이나 버터를 바른 바게트 한 조각에 카페 한 잔이 전부다. 이러한 음식은 온기라곤 전혀 없어서 며칠 먹으면 마음도 차가워진다.

영국식은 따뜻한 달걀부침과 야채가 섞인 뱅어 소시지^{Banger Sausage}, 구운 토마토와 해시 브라운^{Hash Brown}이 기본으로 나온다. 세상에서 가장 얇은 책은 영국 요리책이라는 말도 있지만, 아침 식단을 보면 이 말을 믿기가 어렵다.

대륙식은 차갑고 철학적이며 영국식은 따뜻하고 쾌락적이다.

취리히는 독일어권이라 독일의 아침 식사처럼 음식이 간단하게 나올 줄 알았는데 예상외로 차림이 거창하다.

넥타이가 없다니!

나는 짐을 꾸리다 말고 황당해서 침대에 털썩 걸터앉는다.

출장을 온 것이 아니라 여행 왔음을 다시 한 번 환기한다. 여행 일정에 나온 호텔의 위치와 당일 구경할 장소를 자세히 검토하지 않은 것이 불찰이지만 넥타이를 찾고 있는 나의 모습에 순간 짜증이 난다. 퇴직했음을 아직 내 몸과 정신은 실감하지 못하고 있는 듯하다. 직장생활에서 밴 흔적을 지워내기 위한 시간이 아직은 더 필요한가 보다. 이번 여행이 끝나면 다시는 이렇게 짐을 꾸리지도 않고 착각도 하지 않을 수 있을까.

짐을 들고 내려온 호텔 바깥은 아직도 비가 그칠 생각이 없나 보다. 원래 스위스는 4월이면 비나 우박이 오락가락하면서 날씨가 변덕을 부리지만 5월이 되면 좋아진다. 독일 속담에 '시작이 좋아야 끝이 좋다.'고 하지만 '예외 없는 법은 없다.'는 말도 있는 것처럼 이번 스위스 여행 기간에 하늘도 맑고 햇살도 많았으면 좋겠다.

01
라인 폭포, 지금도
백마는 포세이돈의 마차를 끈다

　호텔을 떠난 버스가 속도를 올리자 차창에 쏟아지는 빗방울이 유리를 타고 흘러내린다. 빗물이 흥건한 고속도로를 버스가 질주하며 빗물을 가른다. 앞바퀴에서 솟아오른 물안개와 흩뿌리는 비가 스위스 풍경을 르누아르의 그림처럼 부드럽게 한다. 얼마 간을 달리자 빗줄기가 점점 가늘어지더니 버스가 라인 폭포$^{Rhine\ Fall}$ 주차장에 도착해서는 완전히 그쳤다.
　주차장은 텅 비어 있다.
　주차장을 관리하는 관리인도 보이지 않는다. 심지어 기념품 가게의 장사치도 보이지 않는다. 버스는 주차장을 대각선으로 가로질러 폭포 입구로 다가간다.
　입장료는 1프랑이다. 비시즌에는 무료입장을 시켜주었는데 지금은 1프랑을 받는다.

유럽에서 가장 큰 라인 폭포는 폭 150미터, 높이 23미터로 라인 강 중류에 있다.

라인 강은 우리^{Uri} 주의 안데르마트^{Andermatt} 빙하에서 발원하여 콘스탄스^{Constance} 호에서 머문 후 스타인 암 라인$^{Stein\ Am\ Rhine}$과 샤프하우젠^{Schaffhausen}을 지나 라인 폭포를 만나면서 몸을 풀어헤친다. 바젤^{Basel}에서 스위스를 빠져나온 후 독일, 프랑스, 네덜란드를 지나 북해로 흘러들어 간다. 대서양과 유럽 내륙을 깊숙이 연결하는 라인 강은 옛날부터 중요한 수상교통로였으므로 라인 폭포는 하류에서 실려 온 화물을 내려놓게 하는 천연의 환적항이다.

갑자기 쏟아지는 소나기처럼 '싸아~'하고 들리던 폭포수 소리가 폭포로 다가갈수록 '쏴'하고 커진다. 계수기에 표를 넣고 열댓 걸음 걷자 강이 보인다.

폭포물이 절벽 아래로 달린다. 입구를 지나자 "쏴" 하고 들려오던 폭포수 소리가 말이 무리 지어 달리듯 "꽈르르" 하고 소리를 낸다. 정면에서 우측으로 달려온 강물은 서서히 왼쪽으로 방향을 틀며 절벽 관망대 밑으로 들어가 눈앞에서 사라졌다 다시 나타난다. 짙은 녹색의 에메랄드로 와서 바위와 부딪치며 순백색의 진주로 산화한다.

절벽의 가장자리엔 떨어지는 폭포수를 관람객이 실감할 수 있도록 계단으로 길을 내놓았다. 계단을 내려가니 폭포가 "다다다다" 하며 굉음을 낸다. 5~60미터쯤 내려가자 폭포는 적진을 향해 달려가는 백마무리처럼 보인다. 30미터쯤 더 걸어가자 조그만 정자가 있다. 손을 뻗으면 폭포수에 닿을 정도로 폭포와 가깝다.

물은 이제 백마가 되었다.

바위를 박차고 튀어 오르는 물줄기들이 "꽈꽈과과"하고 소리를 낸다. 하얀 물안개가 나의 몸을 감싼다. 물줄기가 이곳저곳에서 빠르게 움직여 눈의 초점을 맞추기가 어렵다. 눈이 어지럽다. 물속에서 서너 개의 물줄기가 하얗게 솟아오른다. 부서진 물은 공기 중에 반투명하게 부유하더니 내 몸을 휘감는다. 차갑다. 달리던 백마들도 어느덧 온몸을 풀어헤치며 사라진다.

긴 계단을 오르는 일은 관광이 아니라 노역이다. 툴툴거리며 폭포를 올라가는데 내려올 땐 보지 못한 탑이 계단 옆에 있다. 엘리베이터다. 그것도 사방이 다 보이는 누드 엘리베이터다. 폭포의 절벽에 엘리베이터가 있다. 엘리베이터는 절벽에 만들어 놓은 계단을 힘들게 올라야 할 내 몸의 수고로움을 순식간에 사라지게 한다.

계수기를 빠져나오자 여행자들이 주차장에 북

적거린다.

    빗방울이 돋더니 차에 시동을 걸자 비는 소나기로 바뀐다. 사람들이 핸드백이나 관광 안내책자로 머리를 가리면서 기념품 가게로 뛰어들어 간다.

    폭포를 반대편에서 보기 위하여 온 길을 되돌아가다가 다리를 건넜다. 주차장에서 강가로 내려가는 계단 앞에 서자 "사~"하는 폭포수 소리가 들려오고 소시지를 태우는 향긋한 참나무 훈제 향이 밀려온다.

    라인 폭포는 이탈리아 피렌체^{Firenze}의 베키오^{Vecchio} 궁전 근처에 있는 포세이돈의 분수와 닮았다. 포세이돈의 마차를 끄는 백마들처럼 폭포는 하얀 물방울을 먼지처럼 날린다. 폭포 가운데 우뚝 선 바위는 포세이돈 같고 바위 주변에 여러 갈래로 떨어지는 폭포수는 말을 닮았다.

02
샤프하우젠,
과거와 현재를 공유하다

샤프하우젠은 라인 폭포에서 4킬로미터 상류에 있다.

콘스탄스 호에서 라인 폭포까지 화물을 나르는 배$^{Scapha\ or\ Skiff}$ 때문에 지명이 유래되었다는 설과 양모 산업이 발달하면서 유래했다는 설이 있는데 모두 그럴듯하다. 양^{Sheep}이나 배^{Ship}의 발음 소리가 비슷해서 생긴 우연의 일치일 수 있으나 이 지역에 양과 배가 많았던 것은 사실인것 같다.

스위스 북동쪽에 있는 샤프하우젠 주를 지도에서 보면 툭 불거진 혹처럼 생겼는데 독일 남부지방을 푹 파고들어가 있다. 주도인 샤프하우젠 시는 주의 중앙에 있는 것이 아니라 취리히 주와 경계를 이루는 좁은 길목에 자리잡고 있다.

라인 폭포에서 샤프하우젠으로 가는 길은 S자로 흐르는 라인강을 따라간다.

강은 깊고 물은 짙은 에메랄드빛이다. 스위스는 산악 지형이라 경사가 급해서 유속도 빠르고 얕을 줄 알았는데 강물은 풍부하고 느긋하게 흐른다. 콘크리트 보가 강물의 흐름을 막아서지만 강물은 잠시 거품을 일으키다 언제 그랬냐는 듯 흘러간다.

샤프하우젠 시의 뒷동산에 무노트^{Munot} 성이 있다.

16세기경에 세워진 이 성은 독일의 노이슈반스타인^{Neuschwanstein} 성처럼 우아하지도 않고, 영국의 윈저^{Windsor} 성처럼 권위가 있어 보이지도 않는다. 다만 험난했던 역사의 흔적과 검소한 국민성을 담백하게 드러내는 투박한 성이다.

성은 장식이 없는 거대한 모카 케이크처럼 둥글게 생겼다. 둥근 성은 직선과 직선이 이어지는 사각형의 성보다 자재 사용량을 줄이면서도 구조적으로는 더 튼튼하게 축조할 수 있다. 해자^{孩子}는 평지에 있는 성에만 있는 줄 알았는데 산 정상 부근에 있는 성에도 있다. 해자에는 물이 노는 것이 아니라 사슴이 뛰어놀고 있다.

성문 우측 하단부와 상단부의 돌은 색이 다르다. 대부분 돌은 표면이 거칠고 비와 바람과 햇살의 흔적이 남아 있으나 우측 상단부의 돌은 표면을 정교하게 가공해서 민얼굴을 내놓고 있다. 적정 관측을 위한 작은 창 주변은 최근에 수리했는지 중세에 건축한 성의 분위와 어울리지 않게 하얀 돌이다.

성의 천장은 5미터 정도 되는 높이고 기둥은 제일 아래 지름이 3미터 정도인데 사각의 돌을 쌓아 올렸다. 공기가 서늘하다. 이리저리 둘러보아도 주거 지원시설은 보이지 않는다. 사람이 사는 성이라기보다는 최후 결전을 위한 요새다.

2층에 오르자 남쪽으로는 방호벽을 쌓지 않았으나 다른 방향에는 높은 방호벽을 쌓아 놓았다. 남쪽 모서리에 다가가자 샤프하우젠을 동서로 관통하는 라인 강과 시가지가 펼쳐진다.

낮게 깔린 회색 구름 아래 짙은 녹색 숲이 사방으로 펼쳐져 있고 그 아래 짙은 에메랄드빛의 라인 강이 소용돌이치며 흐른다. 수백 년 동안 이 땅에서 살았던 주민들의 생명력인지 기사들의 핏물인지 건물의 지붕은 어두운 녹색과 검붉은 색이다. 본래 생생한 붉은색이었을 지붕의 기와는 수백 년 동안 내리쬔 햇볕에 탈색되어 빛바랜 주홍색이 되었다. 풍상에 거칠어진 기와 표면은 수분을 머금어 거무죽죽한 이끼들이 군데군데 자생한다. 기와에도 검버섯이 생기는가 보다.

지붕의 색깔만 보아도 구시가지와 신시가지가 확연하게 구분된다. 구시가지에 있는 강변 쪽의 건물은 중세의 것들이 아니다. 이 건물들은 우기에는 강물이 넘쳐 사람이 살지 못했을 땅에 둑을 쌓고 강물을 막아 건물을 올렸다. 그 때문인지 지붕은 지나온 세월을 새겨 넣는 연표다. 도시가 어떤 시간대에 확장되었는지를 보여준다. 샤프하우젠은 중세와 현대가 흐릿한 경계를 이루며 어울려 있다.

무노트성 위에서 내려다본 샤프하우젠은 녹색의 초지와 붉은 지붕들이 어울려 빛바랜 타탄^{Tartan} 체크무늬처럼 보인다.

무노트성 경사면에 펼쳐진 포도밭 사이로 난 계단을 내려와 낡은 건물의 모퉁이를 돌자 한순간에 중세시대에서 현실의 세계로

돌아온다.

   해묵은 녹색과 빛바랜 붉은색의 파스텔 색조는 흰색과 노란색으로, 곡선 지붕은 직선 벽으로 바뀌었다. 기와는 자유로운 선과 세월을 지붕에 기록하고 있었지만, 벽은 직선으로 선을 그으며 지금 이 순간의 현실로 인도한다. 직선을 타고 오르다 튀어나온 앙증맞은 발코니가 그나마 화려했던 지난 세월을 추억하게 한다.

   유럽의 어느 도시에서도 이렇게 많은 발코니를 동시에 본 적이 없었다. 이 발코니들은 1497년 막시밀리안Maximilian 1세 황제의 지시로 만들어진 오스트리아의 인스브루크에 있는 황금 지붕을 모방

했을 것이다. 직물 사업으로 돈을 번 상인들이 자신의 부를 자랑하기 위해 집을 화려하게 꾸미고자 발코니를 붙였다.

골목을 지나 알러하일리겐Allerheiligen 교회로 들어가기 위해 문을 밀자 문은 열리지가 않았다. 잠금쇠가 없는 높이 5미터 정도의 나무문이다. 다시 상체에 체중을 싣고 문을 힘주어 밀자 그제야 스르륵 열린다.

유럽의 교회나 성당은 스테인드글라스나 대리석으로 치장을 해놓았고 높은 천장을 받히는 커다란 기둥이 있다. 실내에 들어서면 공간이 장엄하게 느껴지고 오래된 나무 장식물과 촛불은 사람을 주눅 들게 한다. 그러나 이 교회는 크고 화려한 스테인드글라스도, 대리석 기둥도, 촛불도 없다. 바닥부터 벽까지 회색 콘크리트로 마감했을 뿐이다. 장식물이라곤 입구에 아담한 크기의 파이프오르간과 제단 위에 있는 작은 스테인드글라스 창문뿐이다. 그럼에도 이 교회는 스테인드글라스로 도배된 교회의 그것보다 더 크고 화려해 보인다. 1944년 4월 1일 미군의 오폭으로 교회 일부가 파손되자 다시 복구했다.

나치 독일은 스위스 접경지역에 군수 공장을 가동했던 모양이다. 샤프하우젠 주가 독일 내륙까지 들어가서 있다 보니 수십 대의 연합군 폭격기가 8천 미터 고공에서 투하했던 연합군의 폭탄이 스위스 교회에 떨어졌던가 보다.

교회를 나가기 위해 문을 잡아당기는데 또 열리지 않는다. 팔에 힘을 주어 문을 당기자 그제야 문이 천천히 열린다. 쉽게 들어가지도, 편히 나가지도 못하게 하는 문이다.

왼편 회랑은 3미터쯤 되는 담과 사제들이 사용하는 건물이 에워싸고 있다. 그 가운데 정원이 있고 정원에는 꽃이 피어 있다. 회랑의 정원은 멘델을 연상시킨다.

그는 자신의 유전 법칙에 맞는 실험 결과가 나올 때까지 자신의 예상과 다르게 나온 실험 결과를 계속 무시했다고 한다. 그러나 세상 사람들은 멘델의 유전 법칙은 기억하면서 데이터 조작은 기억하지 않는다.

에드워드 카$^{Edward\ Carr}$의 말대로 '기록될 가치가 있는 것만의 기록이 역사'라면 역사는 기록하는 사람이 중요하게 여기는 가치만 기록한다. 만약 그의 주장이 옳다면 하나의 역사적 사실에 대해서 여러 가지 기록이 생길 수밖에 없다. 아무리 역사가가 공정하게 기록을 한다 할지라도 중요하게 여기는 가치는 개인의 삶이나 경험에 따라 우선순위가 다르기 때문이다. '보고 싶은 것, 기억하고 싶은 것'은 사람에 따라 얼마든지 다르게 표현할 수도 있다.

유럽은 어디를 가나 약속이나 한 듯 도심에는 광장이 있고 광장 안에는 분수가 있다. 샤프하우젠도 예외는 아니어서 Fronwag 광장이 있고 그 중앙에 분수가 있다. 분수 위에는 삼각형의 도끼가 붙은 창을 든 용병상이 있다. 최근에 금칠을 했는지 용병상이 햇살에 반짝인다.

광장을 지나 보스타트^{Vorstadt} 거리로 들어가면 프레스코화로 장식된 두 채의 집이 있다. 손님의 시선을 끌기 위해 건축한 건물이다. 하긴 서울에도 한옥 비슷하게 건물을 지어서 외국 손님을 끄는 음식점이 있으니 여기라고 없을 리가 없다. 영국 버킹검 궁의 근위병 교대식이 관광 상품이 된 이후로 이와 유사한 상품을 만들어 관광을 마케팅하는 나라가 늘어났다.

보더가세^{Vodergasse} 모퉁이에 중세시대 가장 강력한 무력집단이었던 기사의 집이 있다. 전면에서 보면 폭이 20미터쯤 되는 4층 건물인데 지붕의 양 귀퉁이가 경사져 5각형처럼 보인다. 1층은 딱딱해진 치즈의 겉면처럼 꼬질꼬질한 노란색 벽이고 2층부터 4층까지는 당시 기사들의 이야기를 재현하려는 듯 인물화가 연녹색 바탕 위에 불그스레하게 그려져 있다. 2층에는 청동으로 만든 발코니가 녹이 슬면서 시선을 끈다.

스위스에는 유형문화재뿐만 아니라 시계장인 Cabinotier 이라 불리는 명인들이 수백 년 전통을 자랑한다.

필립 뒤포르 Philippe Dufour 와 앙뜨완 프레지우조 Antoine Preziuso 같은 이들은 처음부터 끝까지 자신만의 영감과 손으로 시계를 만든다. 현대의 CNC Computerized Numerical Control 같은 첨단 공작기계를 쓰는 것이 아니라 선조가 썼던 구식 공작기계와 자신들의 손으로 모든 부품을 만든다. 이들이 만드는 시계의 외양은 단순한 것도 있지만, 다이아몬드가 수천 개씩 박힌 복잡한 디자인도 있다.

그러나 시계의 구동 원리는 같다.

태엽과 태엽이 풀어내는 힘을 일정하게 제어하는 탈진기 Escapement, 앵커 Anchor, 컨트롤러, 시·분·초를 나타내는 3개의 톱니바퀴에 붙은 바늘이 없는 시계는 없다. 태엽 통이 우리 몸에서 에너지를 제공하는 위의 역할을 한다면 탈진기와 컨트롤러는 규칙적으로 움직이는 심장의 역할을 한다. 이 심장에서 "째깍"하는 소리가 나야 1초의 시간이 만들어진다.

태엽을 감아야 하는 시계는 기계가 아니다. 스위스의 시계는 수개월 간, 혹은 1년에 걸쳐 육신을 얻고 시계장인들에 의해서 양육되는 생물이다.

시계도 밥을 먹지 못하면 죽고 밥이 모자라면 느려진다. 시계가 밥을 제대로 먹는다 할지라도 시간은 틀릴 수도 있다. 심장이 몸의 상태에 따라 불규칙하게 수축과 팽창을 하듯 앵커가 1초마다 움직이도록 힘을 저장하는 헤어 스프링$^{Hair\ Spring}$도 시계를 찬 손목의 상태에 따라 중력의 영향을 받기 때문이다.

스위스의 캐비노티에들은 위그노의 후손일 것이다.

16세기 프랑스에서 종교 탄압을 피해 온 그들은 스위스로, 플랑드르로, 영국으로 이주했다. 스위스로 이주한 위그노는 주라 산맥의 서쪽과 북쪽에 있는 제네바, 바젤, 샤프하우젠 지역에 정착해서 시계기술을 발전시켰다. 샤프하우젠에는 IWC라는 시계회사가 있는데 국제시계사$^{International\ Watch\ Company}$의 약자다. 이 회사의 경영진은 국제시계사란 이름이 촌스럽다고 생각했는지 절대로 풀네임을 사용하지 못하게 하고 IWC라는 약어만 사용하도록 한다.

03
다른 것이 아름답다

샤프하우젠에서 라인 강 상류로 15분 정도 올라가면 콘스탄스 호수 옆이 '라인 강의 보석'이라 불리는 스타인 암 라인이다.

중세의 도시들은 성벽 안에 마을이 있으나 스타인 암 라인은 마을을 둘러싼 건물이 성벽 역할을 한다. 그래서 이 도시를 약탈하려면 군사 시설물을 공격하는 게 아니라 가택 침입을 먼저 해야한다. 규모만 다를 뿐, 중국 복건성에 있는 토루土樓도 여러 집을 붙여 세워서 둥근 성 모양을 하고 있다.

코블스톤Cobblestone으로 포장한 거리에는 여행자들이 북적거린다. 글을 읽지 못하는 사람들을 위해 문양으로 만들어진 간판이 시선을 끈다. 건물의 하중을 지지하기 위해 사선이나 대각선으로 보강재를 덧댄 건축물이 길을 따라 이어진다. 독일 로만틱가도Romantishe Strasse에 있는 로텐부르크Rotenburg의 풍경과 비슷하지만 규모는 조금 작다.

우툴두툴한 코블스톤의 질감을 발바닥으로 느끼며 도시의 중앙으로 들어간다. 시청 맞은 편 나란히 서 있는 8채의 건물에 프레스코화가 그려져 있다. 4채의 건물에 그려진 그림은 샤프하우젠 기사의 집 그림보다 훨씬 더 오래되고 낡았는데, 다른 건물의 그림은 최근에 모작한 듯하다.

옛날엔 프레스코화를 그릴 때 그림의 색을 장기간 유지하기 위해 물감에 새똥을 섞어 썼다고 한다. 새똥은 강산성이라서 자동차의 페인트까지 녹이고 들어갈 정도니 회칠한 벽에는 더 잘 파고들었을 것이다. 스위스 선인들은 폐기물을 재활용해서 페인트에 들어가는 화학약품을 얻은 셈이다. 산도스Sandoz, 노바티스Novartis, 로슈Roche 같은 유명제약회사가 있는 스위스가 정밀화학 대국이 된 것은 수백 년 전부터 내려온 탁월한 유전자 덕인가 보다.

라인 강의 보석이라고 해서 화려할 것이라 기대했는데 뜻밖에 볼만한 것이 없다. 독일어 스타인에는 돌이라는 뜻도 있으니 '라인 강의 돌'인가 보다.

시청광장을 나와서 좁은 골목길을 지나 강에 놓인 다리를 건넌다. 다리 위에서 무심코 본 강물은 깊은 수심에도 강바닥이 선명하다. 석회질이 많은 라인 강은 부유스름할 것 같은데 강물은 투명하기만 하다. 콘스탄스 호에서 오래 쉬고 조용히 명상하면 강물도 맑아지는가 보다.

한 때, 이 호수엔 비행선의 계류장이 있었다.

독일의 제펠린Zeppelin 백작은 1900년 7월, LZ1이라는 비행선을 타고 콘스탄스 호 상공을 비행하곤 했었다.

비행기나 비행선 같은 항공기는 지상에 격납고Hangar를 짓고 계류장을 설치하는 것이 일반적이다. 그러나 그는 콘스탄스 호에 나

무로 격납고를 만들었다.

지상에 계류장을 설치하면 부지를 확보하는데 투자를 많이 해야 하고 비행선을 운항하기도 쉽지가 않다. 얇은 외피의 비행선에 수소 가스를 담은 비행선은 가벼워서 격납고에서 꺼낼 때 바람이 옆에서 불면 기체가 행거에 부딪쳐 손상될 수 있기 때문이다. 바람의 영향을 많이 받는 것이다. 그런데 물 위에 격납고를 만들고 비행선을 보관하면 이러한 문제를 해결할 수 있다. 바람 부는 방향과 격납고의 방향을 일치시키면 비행선이 좌우로 밀리지 않아서 바람이 부는 방향 때문에 운항을 못 하는 일은 없게 되는 것이다.

그는 이 호수에서 발상의 전환만으로 비행선을 운항하기 위한 투자 자금을 최소화했으며 비행선이 환경에 구애받지 않고 비행할 수 있는 여건을 조성했다.

다리 건너서 스타인 암 라인을 보니 풍경이 바뀐다. 파란 하늘과 녹음이 깃든 산이 스타인 암 라인의 배경이 되고 에메랄드빛 강이 전경이 되자 스타인 암 라인은 반짝반짝 빛나는 한 폭의 풍경화가 되었다. 이제야 스타인은 돌이 아니라 보석이 되었다.

다이아몬드는 가공하기 전에는 뿌연 돌덩어리일 뿐

이다. 이 돌덩어리는 빛을 다르게 반사할 수 있도록 다양한 각도로 연마한 후에야 보석이 된다. 세공사가 보석의 각도를 고려해서 디자인하듯이 스타인 암 라인을 건축한 사람들도 자연과의 조화를 고려해서 도시를 만들었는가 보다. '보는 각도에 따라 가치가 달라진다.'고 하더니 스타인 암 라인 또한 그렇다.

04
보이는 것의 평온과
보이지 않는 것의 불편

아름다운 경치 덕에 눈이 호강하고 마음은 여유로워졌으나 손발이 고생한 탓인지 허기지다.
점심을 들기 위해 들어간 목조 식당은 얼마나 오래되었는지 외벽의 나무가 검은색이다. 보통 작고 오래된 식당의 음식 맛은 모가 아니면 도이다. 음식 맛이 없어서 번창하지 못했거나 전통적인 맛을 고수하여 살아남았거나 이다. 다행스럽게 식당의 주인장은 세월의 풍파를 이겨낸 승자의 여유와 평화로움을 느끼게 하는 모습이다. 어떤 요리가 나올 것인지 호기심을 갖게 한다.

    콘스탄스 호에서 잡은 생선튀김으로 메뉴를 정했다. 선도가 좋은 생선을 살짝 익혀서 식감은 부드러웠고 튀김옷은 얼음물에 입혔는지 바삭하다. 식당의 건물은 낡았지만 주인 내외의 요리 실력은 낡지 않았다.

    샤프하우젠 주를 넘어 취리히 주에 들어선다. 베른^{Bern}을 향해서 가는 도로 주변의 풍경은 초록 일색이다. 시차^{時差}와 식후의 나른함이 눈을 무겁게 한다.

    갈색의 기름진 밭에 진녹색의 호밀과 노란 유채, 소를 먹이려고 만든 초지가 마냥 펼쳐진다. 숲은 고속도로에서 멀찍이 있고 그 근처에는 햇볕에 그을린 불그스레한 지붕과 하얀 벽의 집들이 옹기종기 모여 있다. 반복되는 풍경에 질리기 시작할 무렵 버스가 고속도로 휴게소로 들어간다.

    화장실을 이용하는데 1프랑을 내야 했다. 아침에는 라인 폭포를 보여주면서 1프랑을 받더니 화장실 한 번 쓰는데 또 1프랑을 받는다.

    다시 고속도로에 들어서자 이제껏 달려오면서 본 풍경이 다시 반복된다. 긴 여름 해를 등지고 버스는 남서쪽으로 달린다. 얼마나 달렸을까. 서편 아득한 곳에서 성벽처럼 쥬라 산맥이 나타난다.

    스위스 북서부에서 프랑스 동부까지 위치한 쥬라 산맥은 공룡

화석의 보고다. 하지만 스티븐 스필버그가 감독한 영화 〈쥬라기 공원〉에 나오는 대표적인 육식 공룡인 티라노사우루스는 쥬라기 시대의 공룡이 아니라 쥬라기보다 더 늦은 백악기에 출현한 공룡이다. 쥬라 산맥에서 발견되는 공룡의 화석은 거대한 도마뱀처럼 생긴 디플로도쿠스^{Diplodocus} 같은 초식 공룡이 주류를 이룬다.

    소화 기관이 소처럼 발달하지 않은 초식 공룡은 섭취한 먹이를 소화하기 위해 자갈 같은 돌을 삼켜 위 안에서 음식물을 갈았다. 반짝이는 위석^{胃石}이 공룡의 뼈 사이에서 발견되면 초식 공룡이다.

    이 지역은 한때 파충류가 살만큼 더운 곳이었다. 지각변동으로 땅이 바닷속에 잠겼고 산호와 조개 성분이 풍부한 진흙이 수백만 년에 걸쳐 공룡의 주검들을 덮었다. 바닷속에 잠겼던 땅은 또다시

솟아올라 산맥이 되었다. 쥬라기의 공룡은 아득한 옛날에 사라졌지만 쥬라 산맥은 아직도 그들의 옛이야기를 들려준다.

　쥬라 산맥을 감싸고 있었던 희뿌연 안개는 쥬라 산맥을 푸르스름한 회색으로 바꾸며 신비감을 더한다. 안개 사이를 비집고 공룡 한 마리가 금방이라도 기어 나와서 그들의 이야기를 해 줄 것만 같다.

　해가 서편의 쥬라 산맥으로 들어갔다. 쥬라기의 밤이 시작되었다.

Part 02

이야기를 풀어서 명품을 살리고

구름 한 점 보이지 않는다. 하늘은 맑고 푸르다.
고속도로에 오르자 어제 이어 오늘도 좌우로 평야가 펼쳐진다. 오른쪽으로 아득히 먼 곳에서 해를 삼킨 쥬라 산맥이 회색으로 꿈틀거리며 흘러가고 가까이에는 녹색의 초지와 농가들의 붉은 기와지붕이다. 소가 보이지 않는 초지는 왠지 사람이 살지 않는 마을처럼 황량하게 보인다. 왼쪽으로는 밭의 갈색 흙 위로 새싹이 파릇파릇 돋고 있다. 파종 시기가 달라서인지 밭에서 자라는 새순은 녹색의 색조화장품 팔레트를 펼쳐 놓은것 같다.
스위스에서는 하얗게 눈이 덮인 산과 푸른 호수 그리고 녹색의 초지에서 풀을 뜯는 한가로운 얼룩소와 스위스 전통가옥인 샬레 Chalet를 어디에서나 볼 수 있을 것으로 생각했는데 이곳은 프랑스나 독일의 평야 지대를 보는 것과 다를 바 없다.

버스가 1시간쯤 달리자 농가의 빛 바랜 붉은 지붕은 어느새 사라지고 회색 공장과 사무용 빌딩이 나타난다. 어딜 보아도 녹색만 보이던 스위스에도 도시 근처는 회색이다. 로잔이 가까워진 모양이다.

로잔에는 스포츠 관련 국제연맹이, 제네바에는 국제적십자위원회 같은 국제기구가, 취리히에는 스위스연방은행 UBS, Union Bank of Switzerland 외에 많은 은행이 모여 금융 허브를 구축하고 있다. 그리고 국토의 가장 가운데 위치한 루체른 Lucern 은 관광 허브를 형성했다.

스위스는, 각 주의 주도 경쟁력을 차별화 전략으로 확보하면서 국가를 운영한다. 이들 도시 중에 가장 절묘한 위치에 자리를 잡은 곳은 바젤이다. 독일과 프랑스 국경에 있는 바젤은 물류산업을 발전시키기에 편리한 입지를 갖고 있다. 공장을 가동하고 난 후 생긴 폐수는 독일과 프랑스 국경을 흐른다.

고속도로를 빠져나오자 올림픽위원회이다.

푸른 호수를 배경으로 녹색의 잔디 위에 검은색으로 벽을 마무리한 2층 건물이 올림픽위원회이다. 정면 출입구는 Facade 진입로만큼의 넓이로 하얀 대리석을 축구 골대처럼 세워 놓았다. 골대 상단부 가운데에 있는 하얀 오륜이 금방이라도 굴러갈 듯하다.

올림픽위원회의 외벽은 검은 알루미늄 프레임에 시커먼 유리로 덮어놓았다. 이 유리가 주변 풍경을 반사한다.

파사드 오른쪽으로 기와지붕인 3층 건물이 기품있다. 현관문에 있는 조그만 오륜마크가 소박하니 정감이 간다. 검소한 모습을 보여주었던 알러하일리겐 교회처럼 올림픽위원회도 처음에는 이렇게 소박했던가 보다. 회원국이 점점 늘어나자 시설을 확장한 모양이다. 인류를 화합시키려 했던 올림픽위원회의 초심을 보는듯 하다.

그러나 올림픽을 인류의 화합을 위해 세계인이 경기에 참가한 대회라고 한다면 고대 그리스인들은 어떻게 반응할까? 《클래식 유럽의 탄생》의 저자인 영국 옥스퍼드 대학의 사학자 피터 토네만[Peter Thonemman]은 올림픽에서 승리하는데 목적을 두지 말고 참가하는데 의미를 두라고 그리스인들에게 말했다면 그들은 황당해했을 것이라고 말한다. 사실 고대 그리스의 시인 핀다로스[Pindaros]는 올림픽에 출전한 선수들에게 "1등을 못하고 집으로 숨어들다 걸리면 어머니나 애인에게 쫓겨나고 경쟁 상대를 피하려고 샛길에 숨었다가 불운에 빠지는 이들은 한마디로 패배자다."라고 했다.

01
에비앙,
스토리를 명품으로 바꾸다

올림픽위원회에서 차량으로 10분 정도 이동하면 올림픽공원이다. 공원 오른쪽 아래로 레만^{Leman} 호가 프랑스와 국경을 맞대고 있다.

레만 호는 론^{Rhone} 강이 쉬어가는 곳으로 푸르카패스$^{Furka\ pass}$ 근처 만년설에서 발원하여 북 알프스와 남 알프스 사이의 계곡으로 내려와 모였다. 이 물은 아주 서서히 흘러 10년쯤 지나야 프랑스 쪽으로 들어가 지중해로 빠져나간다.

평균 수심은 170미터이고 깊은 곳은 250미터이다. 최대 수심이 서해보다 깊은 호수로 육지 속의 바다다. 2차 세계대전 이후, 강물이 심하게 오염되자 폐수처리장을 건설하여 1970년대 말에야 수질을 회복했다고는 하나 아직도 바람을 타고 물비린내가 조금 난다.

공원은 완만한 남향 언덕에 있다.

입구 분수대에서 솟구치는 유리막대 같은 물줄기는 정점에서 햇살을 맞아 부스러지며 유릿가루처럼 흩날린다. 분수 앞의 경사로는 급격하게 휘면서 길을 낸다. 그 길을 따라 각종 조각품이 설치되어 있다. 그 중 유난히 눈길을 끄는 조각 작품은 출발선에 서 있는 육상 선수의 발 골격을 조형한 이형구 작가의 'Born Fast'다.

올림픽 박물관은 아직 개관하지 않았다.

스위스는 6월부터 본격적인 관광철이라서 5월 말까지 공사를 하고 6월 1일부터는 모든 관광지가 문을 연다. 그래서 도로공사를 하다가도 5월 말까지 작업을 끝내지 못하면 일단 가마감假磨勘을 서둘러 한다.

어쩔 수 없이 올림픽 공원에서 발길을 돌린다. 레만 호와 프렌치 알프스French Alps가 한눈에 들어온다. 호수 위의 옅은 안개가 호수와 산의 경계를 지운다. 산이 호수에서 솟아오르는 것 같다.

호수 건너편 산기슭이 에비앙 마을이다.

1790년 프랑스의 레세르Lessert 후작이 에비앙에서 3개월간 머물면서 샘물을 마셨는데 지병인 신장결석이 완화되었다고 한다. 이 이야기를 들은 샘물 주인이 에비앙 지역에 수水 치료센터를 운영하다가, 1826년부터는 병에 물을 넣어 판매했다. 이 생수가 입소문이 나면서 찾는 사람이 많아지자 에비앙 시는 생수 판매 독점권을 1892년부터 2027년까지 생수회사 에비앙에 허가했다.

에비앙에서는 3미터 이상 땅을 팔 수 없다. 난개발에 의한 수질 오염을 방지하면서 에비앙의 판매 독점권을 유지하기 위함이다. 그러나 두 개의 샘은 사람들이 자유롭게 물을 떠 갈 수 있도록 개방해 놓았다. 같은 물일지라도 에비앙 생수회사에서 나온 물은 값을 치러야 하지만 마을의 샘에서 나오는 물은 공짜이다.

원래 에비앙은 휴양지로 더 유명했다. 그러나 1900년경부터 레만 호 주변 도시들이 관광지로 개발되자 1930년 에비앙에서 가장 컸던 호텔이 문을 닫으면서 쇠락의 길로 들어섰다.

쓰러져 가는 지역 경제를 살리기 위해 만들어진 에비앙의 생수에 얽힌 일화는 스토리 마케팅의 성공사례이다. 포도주 애주가들 사이에 붉은 포도주가 심장병 예방에 좋다는 말이나, 프랑스에서 매년 11월 셋째 주에 일제히 시판하는 '햇포도로 만든 포도주'라는 뜻의 보졸레 누보$^{Beaujolais\ Nouveau}$ 또한 그렇다. 레세르 후작의 병이 완치되었다는 신장결석은 중증이 아닌 사람은 충분하게 휴식을 취하거나 물을 많이 마시면 낫을 수도 있는 병이다.

02
세 개의 태양이
뜨는 라보의 포도원

　금방이라도 물이 도로에 넘나들 듯 레만 호의 물이 도로 옆에서 찰랑거린다. 버스가 아니라 쾌속선을 타고 달리는 기분이다. 노르웨이의 피오르드 협곡에 들어와 있는 것처럼 호수에 프렌치 알프스가 불쑥 솟아있다. 손을 차창으로 내밀면 레만 호의 물을 길어 올릴 수 있을 듯하다. 시린 물을 머금은 공기 탓인지 기분이 시원하고 청량하다.

　15분쯤 이동하자 라보의 포도원이 펼쳐진다. 경사진 밭에는 돌로 축대를 쌓아 경사를 줄였다. 산 능선을 타고 오르며 포도밭이 첩첩이 펼쳐진다. 이 포도밭은 천 년 전에 포도 재배를 시작해서 지금까지 발전해 온 과정을 고스란히 보존하고 있다고 한다.

　호숫가 옆 공터에 버스가 들어서자 절벽에 라보Lavaux 비노라마Vinorama라는 간판이 큼지막하게 설치되어 있다. 경치가 좋은 곳에 있는 와인 생산지라 와인Vino과 파노라마Panorama를 합쳐 비노라마라고 한 모양이다.

　홍보관은 이곳에서 포도를 재배하는 사람들이 공동으로 운영한다. 지하의 시청각실로 들어갔더니 영화를 상영한다.

농부들이 포도를 수확하고 포도를 으깨어 저장고에 넣는다. 포도나무 가지치기를 하거나 축대를 보수한다. 포도주가 숙성된다. 발효된 포도주를 병에 넣는다. 포도재배를 준비한다. 포도나무 한 그루 한 그루를 뙤약볕 아래서 땀을 흘리며 돌본다. 헬리콥터가 날아다니며 농약을 뿌린다. 새들이 포도를 따 먹지 못하도록 포도밭 전체에 그물을 덮는다. 품질이 좋지 않은 포도를 잘라낸다.

포도주를 만드는 과정을 소개하는 짧은 홍보 영화였지만, 홍보 영화라기보다 배경이 아름다워 서정적인 다큐멘터리처럼 보였다. 라보의 아름다운 사계四季 중, 가을, 겨울, 봄, 여름 순으로 포도주를 만들고 포도를 생산하는 농부들의 노고를 자연스럽게 풀어냈다. 일방적으로 강요하는 주입식 홍보가 아니다. 그렇다고 인위적으로 만들어진 스토리텔링도 아니라서 보기에 편안하다.

샌프란시스코 나파밸리Napa Valley 근처를 다녀 보았지만, 포도를 보호하기 위해 모기장 같은 그물로 포도밭을 덮어놓은 포도밭은 본 적이 없었다. 프랑스 스트라스부르그Strasbourg 근처의 포도밭에서도 독일 라인 강 근처 포도밭에서도 마찬가지였다. 포도가 익는 계절이 아닐 때 지나가서 그럴 수도 있었겠지만, 그 넓은 포도밭을 그물로 감쌀 수는 없었을 것이다. 그럼에도 흠집 없는 포도로 포도주를 만들겠다는 열정은 라보의 포도 재배자들로 하여금 포도밭에 그물을 치게 했을 것이다.

시음장으로 자리를 옮기니 이 지방의 특산인 샤슬라chasselas 종으로 빚은 화이트 와인을 내놓았다.

밝은 호박색에 캘리포니아 샤도네이^{Chardonnay}보다는 약간 가볍고, 신맛이 주도하는 프랑스의 샤블리^{Chablis}보다는 덜 신, 가벼운 느낌의 포도주다. 10분쯤 지나 공기와 더 접촉하게 하면 더 드라이해져서 포도주 민낯을 볼 수 있겠지만, 마냥 백포도주에 빠져들기엔 시간이 부족하다. 게다가 한 병 사서 저녁에 한잔하고 싶으나 차게 보관할 용기가 없어 아쉽다.

샤슬라에 이어 나온 포도주는 피노 누아$^{Pinot\ Noir}$ 품종이다.

보라색 수정의 색깔과 비슷하나 좀 더 밝다. 잔을 들고 서너 번 휘휘 돌린 후, 잔에서 나오는 향기를 맡았다. 포도 향이 잔잔하게 다가오다가 사과 향이 더해지는 백포도주 느낌의 붉은 포도주였다. 타닌의 떫은 맛은 거의 없고 오히려 코르크 마개를 방금 연 백포도주처럼 상큼하기까지 하다.

포도주를 자주 즐김에도 스위스 산 포도주가 있는 줄 몰랐었다. 물론 스위스에 머문 적이 없으니 그럴 수도 있지만 독일 남부 지방이나 맨해튼의 큰 포도주 가게에서도 본 적이 없었다. 그러나 맛을 본 라보의 포도주는 나를 매료시켰다. 대다수의 관광지 상품 홍보관은 장사하려는 경향이 심해서 불쾌하기가 십상인데 이곳은 포도를 재배하는 농부들의 진심과 포도주를 만드는 일상을 계절의 흐름에 따라 자연스럽고 진솔하게 전달해서 나의 마음을 편안하게 한 탓인지도 모르겠다. 그래서 포도주 풍취가 더 좋았는지도 모르겠다.

　홍보관을 나오자 한낮의 햇살에 눈이 부시다. 태양은 하늘의 가운데 있는데 뿌연 안개는 아직도 호수 건너 산기슭을 가리고 있다. 지하통로를 건너 계단을 올라가자 내려올 때, 미처 보지 못했던 포도나무가 품종별로 한 그루씩 자라고 있다. 샤슬라·샤도네이·리즐링·멀로Melot·뮐러-트르가우Muller-Thurgau·실바너Sylvaner·가메이Gamay 등 20종 이상의 포도나무를 방문자들이 품종별로 포도나무 생김새를 구분할 수 있도록 심어 놓았다.

　라보의 포도밭은 좁은 길을 돌고 돌아 올라가야 한다. 축대 위로, 포도밭 사이로, 아기자기한 작은 마을을 지나가야 한다. 그런 길을 몇 번인가 반복하자 주변 풍경과는 어울리지 않게 분홍색으로 칠해진 셰브르Chexbres 역사가 나온다.

　버스가 올라왔던 길을 나는 걸어서 포도밭으로 간다. 이곳에는 부산이나 산토리니Santorini의 산동네처럼 경사면을 따라서 집을 층층이 지어놓았다. 돌을 허리 높이까지 쌓은 난간이 이어진다. 어느 순간 돌담이 뻥 뚫리더니 포도밭으로 내려가는 계단이다. 포도밭이 레만 호 근처까지 내려가며 좌우로 펼쳐진다.

　유네스코에서 세계문화유산으로 지정된 이곳의 포도밭에는 세 개의 태양이 뜬다.

　강렬한 햇살을 뿌리는 낮의 태양, 햇살을 반사하는 호수의 태양, 낮 동안 해의 빛 에너지를 축적했다가 열을 뿜어내는 밤의 태

양 돌 축대다. 프랑스에서 흰 돌을 깔아 놓은 포도밭을 본 적이 있는데 이제야 그 돌들이 무슨 역할을 하는지 이해가 되었다.

프랑크푸르트에서 로렐라이를 가다 보면 라인 강의 북쪽 길을 타게 되는데 이 길 주변은 온통 포도밭이다. 라보의 포도밭과 별로 다를 게 없다. 그러나 로렐라이 언덕의 포도밭은 라보의 포도밭처럼 유명하지도 않고 유네스코 세계문화유산에도 지정되지 않았다.

프랑스 혈통을 이은 사람들은 역시 이야기를 잘 만드는가 보다. 그들은 맹물과 두 달도 숙성되지 않은 포도주를 이야기로 포장해서 명품으로 팔아낸다. 어제 스타인 암 라인에서 뒤를 돌아서는 순간 경치가 반전하더니 오늘도 그렇다. 파란 하늘에 어둔 회색의 프렌치 알프스가 고즈넉하게 솟아 있고 산기슭에는 드문드문 있는 집들 사이로 포도밭이 넘실거리며 한없이 밀려간다.

장미넝쿨에 붉은 장미가 피어있다.

이 장미는 꽃을 감상하기 위한 화초가 아니다. 포도를 재배하는 농부들에겐 병충해를 감지하는 경보등이다. 포도나무에 발생할 병충해를 사전에 감지하고 예방하기 위해 병충해에 약한 장미의 생육 상태를 수시로 살펴보려고 심어놓은 경보등이다. 자연에서 일어나는 현상을 활용한 친환경 민간요법인 셈이다. 아무리 과학이 발달한다 할지라도 긴 세월 속에 축적된 사람들의 경험은 더 좋은 삶을 가꾸게 하는 지혜가 되는 모양이다.

지극한 정성과 보살핌 속에서 세 개의 태양과 생명을 나눈 라보의 포도로 빚은 포도주가 맛이 있는 것은 지극히 당연한 일이다.

03
보고 싶은 것만 보고
믿고 싶은 것만 믿는다

일정이 어그러지면서 시간이 남았다.

예측하고 계획한다고 모든 것이 이루어지는 것은 아니었다. 이루어지지 않음으로써 나의 부족함이나 미처 헤아리지 못한 부분을 찾아낼 기회를 얻을 수도 있다. 그러나 여행은 일을 수행하는 것처럼 치열할 필요가 없다. 그저 시간과 버스가 가는 데로 그렇게 몸과 마음을 맡겨놓으면 될 듯하다. 근처 몽 드 샤돈느Monts de Chardonne 산에 올라 차를 한 잔 하기로 했다.

스위스는 온 나라가 산이다 보니 사람과 사람 사이를 잇는 길을 산에 내놓았다. 거친 바다가 노련한 뱃사공을 만들듯 스위스의 거친 땅은 세계적인 건축가를 배출했고 회사를 탄생시켰다. 오스마 아만Othmar Ammann은 샌프란시스코의 금문교 기술 고문을 담당했고 배슬러 호프만Basler & Hofmann이나 인터플란Interplan 4SA은 세계적인 건축기술 회사이다.

산정에 이르자 길이 평평해지더니 좌우로 초지가 펼쳐진다. 소들이 햇살을 피해 나무 아래 모여 있다. 젖을 짜는 얼룩소는 보이지 않고 누런 소들만 모여 있다.

젖소가 얼룩덜룩하다는 것은 노래와 우유 광고 때문에 생긴 고정관념이었던가 보다. 새로운 사실이 진실이어도 받아들이기 어렵게 만든다. 보고 싶은 것만 보게 하고 믿고 싶은 것만 믿게 한다. 나무 아래 모여 있는 누런 소에서 젖을 짠다는 게 믿어지지 않는다. 새로운 풍경이라 낯설기만 하다.

어쩌면 우리 삶은 다름을 조정하기 위한 다툼의 연장인지도 모르겠다. 지식으로, 몸으로, 무력으로 자기 생각이나 결정이 올바르다고 다툰다. 그런데 이러한 다툼은 대부분 배부름이나 심신의 안정을 도모하기 위한, 그 어떤 욕구를 충족시키기 위한 몸부림들이다.

호텔 입구에 세워 놓은 인형 두 개는 사람이 다투는 모습을 하고 있다. 켐핀스키 호텔의 건축가는 이 호텔을 방문하는 사람에게 이제 그만 이곳에서 다툼에 지친 당신을 쉬게하라 하는 것 같다.

로비는 마음을 차분하게 하고 룸에 있는 테라스는 내 몸을 가볍게 한다.

테라스에서 본 산세는 가파르게 진 경사가 서서히 완만해지면서 수 킬로미터 아래까지 이어져 레만 호와 만난다. 그 건너 프렌치 알프스가 잿빛으로 장엄하게 솟는다. 그저 높게만 보였던 프렌치 알프스가 더 커지고 길어졌다. 라보의 포도밭에서 보았던 레만 호는 유리판처럼 강렬하게 빛을 뿜어내더니 지금은 초승달에 다이아몬드를 촘촘하게 박아 놓은 것처럼 빛을 은은하게 반사한다.

같은 곳을 보고 있으나 포도밭에서 본 모습과 산정에서 본 모습이 같지가 않다. 스타인 암 라인처럼 레만 호 또한 보는 위치에 따라 또 다른 아름다움을 드러낸다.

긴장은 풀어지고 피로함은 경사지를 따라 레만 호로 스며든다. 가슴이 시원해지면서 온몸에 활기가 일어난다. 살아오면서 다투었던 일들이 부질없어지면서 미소를 짓게 한다.

레만 호의 눈부심과 파란 하늘의 청명함과 프렌치 알프스의 평온함과 광활함을 담기 위해 사진을 촬영하는데 카메라에는 내 눈으로 본 느낌이 잡히지가 않는다. 레만 호가 반사하는 빛 때문에 촬영이 되지 않았다. 앵글에 잡힌 알프스와 수 킬로미터를 차분하게 내려간 초지는 그저 작은 사각형 공간에 옹색하게 자리를 잡을 뿐이다.

세상의 모든 것을 다 가진다면 이런 느낌이 들까? 자연과 문명이 조화롭게 공존하며 충만해지는 세상. 이렇듯 마음을 평온하게 하는 자연 때문에 오드리 헵번, 찰리 채플린, 프레디 머큐리 같은 예인이 이곳에 머물며 자연과 교류하려 했나 보다.

토속 음식은 그 지역 사람의 품성과 삶을 알게 하고, 그 지방에서 가장 풍부한 산물을 알게 한다. 특히, 발효 음식은 그 지방의 정취를 잘 드러낸다.

특산 맥주를 주문했더니 맥주가 아니라 보리로 만든 포도주를 내놓는다. 부드러우면서 짙은 호프 맛을 지닌 독일 맥주를 기대했는데 물을 탄 듯 싱거운 맥주다. 왜 그런가 했더니 몽트뢰는 불어권이다. 역시 발효 음식은 지방색을 잘 나타낸다.

오전에 기대하지도 않았던 스위스 와인의 선전에 혹시나 하면서 맥주 맛을 기대했지만 맥주는 프랑스가 자랑하는 음식은 아니다. 경험에 의존해서 음식 메뉴를 선정한 나의 잘못이다.

쿠키는 갓 구웠는지 따듯하고 촉촉해서 손가락으로 힘을 주면 스윽 휜다. 노르스름한 쿠키를 입에 넣자 견과류 냄새와 우유 향이 은은하게 퍼진다. 잠시 쿠키를 입에 물고 있자 입 안에서 쿠키가 부드럽게 풀어지며 혀를 감싼다. 새까만 쿠키에서 부드러운 코코아 향기가 난다. 씁쓸한 듯하면서 쌉쌀한 맛이 감돈 후 단맛이 나온다. 갑자기 짠맛이 툭 튀어나온 후 서서히 짭조름해지더니 단맛과 어울리며 사라진다.

쿠키엔 0.3밀리쯤 되는 소금과 설탕이 드문드문 박혀 있다. 단맛을 더 내기 위해서 소금을 넣은 모양이다. 극과 극은 통한다더니 맛있는 쿠키나 자연이나 마찬가지인가 보다. 레만 호가 깊고 장엄한 이유는 주변에 높은 산으로 둘러싸여 있기 때문이고, 몽트뢰가 아름다운 이유는 레만 호와 알프스 산맥이 있기 때문이다. 높은 산과 깊은 호수, 인공과 자연. 모두 대척점에 있으나 조화를 이룬다.

몽 드 샤돈느를 내려와 식품회사인 네슬레^{Nestle} 본사 곁을 지난다. 세계 최초로 초콜릿에 우유를 첨가해서 밀크 초콜릿을 만든 회사다. 사장의 사위인 양초 제조업자, 다니엘 피터$^{Daniel\ Peter}$가 사업에 참여하면서 1875년에 우유 초콜릿이 탄생했다. 아마도 양초에 염료를 섞어 다양한 색깔의 양초를 만들던 기술을 응용해서 초콜릿에 우유를 넣지 않았을까 싶다. 기름(코코아 버터) 성분의 초콜릿에 물과 다름없는 우유를 섞는 게 그 당시에는 쉬운 기술이 아니었을 것이다.

중남미가 원산지인 초콜릿은 원래 마시는 음료였는데 16세기경 유럽으로 넘어오면서 모양이 바뀌었다. 그러나 마시는 음료라는 점에서는 같았는데 네덜란드의 반 호텐$^{Van\ Houten}$이 1828년에 고체 형태로 초콜릿을 만들면서 오늘날과 같은 형태를 갖추었다.

미국의 초콜릿 제조자인 밀턴 허쉬는 기름성분의 초콜릿에 물과 다름없는 우유를 섞는 기술을 알아내려고 유럽을 방문했으나 소득을 얻지 못했다. 그렇지만 그는 수많은 실패를 거듭한 끝에 초콜릿에 우유를 섞는 방법을 찾아냈다. 그러나 이 기술은 유럽의 초콜릿과는 달라서 우유를 농축하는 과정에서 약간 신맛이 난다.

오후 2시. 은빛 바늘 같은 햇살이 쏟아진다.

레만 호는 수면이 햇빛을 튕겨내서 눈부시다. 레만 호를 따라 이어진 몽트뢰의 거리엔 관광객이 비둘기 떼처럼 바글거린다. 나지막한 석조건물이 줄줄이 이어진다. 날은 덥고 시끄러운데다 산정에서 본 레만 호의 아름다움에 아주 감동한 까닭인지 몽트뢰 호반에서는 아무런 감흥이 일어나지 않았다.

체코의 이레나 세들렉카 Irena Sedlecka가 조각한 프레디 머큐리 Freddie Mercury 동상만 하염없이 레만 호를 바라본다.

동상은 프레디 머큐리의 전성기인 1986년 12월 7일 웸블리 경기장 Wembley Stadium에서 공연을 시작한 후 언더 프레셔 Under Pressure를 부를 때까지의 모습이다. 붉은 줄이 들어간 하얀 바지에 레몬색 가죽 재킷을 걸치고 마이크를 쥔 왼손은 땅으로 내리고 오른손을 힘 있게 쥐고서 하늘로 치켜세웠다.

레몬색 가죽 재킷을 입고 땀을 쏟으며 노래를 불렀던 프레디 머큐리는 〈억압아래서〉를 부른 후 재킷을 벗고 헐렁한 셔츠차림으로 맥주를 한 모금 마신 후 다시 공연한다.

> 우릴 억압하는 곳에서 미친 듯이 웃지
> 우리는 다시 기회를 잡을 수 있을까?
> 왜 우리는 사랑이라는 한 번의 기회를 더 주지 못할까?
> 왜 우린 사랑을 주지 못할까?

왜냐하면, 사랑은 너무 오래된 말이기 때문에

그리고 사랑은 밤의 끝자락에 있는 사람까지 돌보아야 하니까

그리고 사랑은 우리의 우리 자신을 돌보는 방식까지

바꾸어야 하니까

— 억압 아래서 Under Pressure 중 / 프레디 머큐리 작사 작곡 노래

    프렌치 알프스와 몽 드 샤돈느는 웸블리 경기장의 관중석처럼 레만 호를 둘러싸고 있다. 프레디 머큐리 동상 앞에 펼쳐진 일렁이는 레만 호의 물결은 관람객들이 양팔을 하늘로 올린 채 열광하는 몸짓 같고, 물결에 반짝이는 햇빛은 청중이 터뜨리는 카메라 플래시 같다. 동상 뒤편의 호텔과 건물은 스피커와 음향 장비처럼 늘어서 있다. 하늘에는 스포트라이트 같은 태양이 강렬한 빛을 쏘고 있다.

    1978년 프레디 머큐리가 몽트뢰에 녹음실을 구하러 오면서 몽트뢰와 프레디 머큐리는 인연을 맺었다. 그 후, 그는 기회가 있을 때마다 '영혼의 평온을 얻고 싶으면 몽트뢰로 가라'고 하면서 몽트뢰를 예찬했었다. 그런 그가 지금도 레만 호에서 영혼의 평온을 구하려면 몽트뢰로 오라고 하는 듯하다.

    북적거리는 거리, 뜨거운 햇살. 몽트뢰 호반은 사람을 지치게 한다. 버스에 올라 에어컨을 틀어달라고 부탁을 했더니 기사가 고개를 젓는다. 스위스는 환경 규제가 엄격하여 정차 상태에서는 에

어컨을 켤 수 없단다.

　나는 어쩔 수 없이 나무 그늘 아래 벤치에서 일행을 기다린다. 호수가 광택 있는 금속같이 느껴진다. 로잔에서 본 호수는 녹색이었다. 산 위에서 본 호수는 청록색이었다. 지금은 은회색이다.

　붉은 등이 켜져 있는 암실의 바나나는 무슨 색일까? 바나나는 붉은색으로 보이지만, 붉은색이라고 하기에는 마음 한구석이 찜찜하다. 우리는 바나나가 노란색이라는 것을 이미 알고 있기 때문이다.

　우리가 눈으로 보는 것은 무엇일까. 사실일까, 환상일까.

　암실에서 누군가가 바나나를 붉은색이라고 하면 바나나에 대한 사전 지식을 가진 사람은 믿지 않는다. 자신의 눈으로 직접 붉은색 바나나를 보고 있을지라도 그것을 사실로 받아들이지 않는다. 이미 축적된 관념을 우리는 지식이라 믿는다.

　호수의 물빛은 언제 어디에서 보느냐에 따라 다르다.

호수의 물빛은 은회색에서 뿌연 청회색으로 또 바뀌었다. 오후의 태양 때문일까, 물안개 때문일까. 레만 호의 물빛이 청회색이라고 한다면 이것이 맞는 표현일까. 누군가는 파란색 호수를, 누군가는 녹색 호수를, 비가 몹시 내린 어느 날 호수를 찾아왔던 누군가는 흙탕물이 된 호수를 보았을 수도 있다.

사람들의 평가와 상관없이 프레디 머큐리는 "누가 영원히 살고 싶어 하는가 Who wants to live forever"라는 자신의 노랫말처럼 이곳에서 세상 사람들과 영원한 사랑을 꿈꾸는가 보다.

04
시옹의 죄수,
자유를 위해 차가운 돌 바닥에 머물다

    호반의 암반 위에 지어진 시옹성^{Chillon}은 몽트뢰 남쪽 끝자락에 있다. 5, 60미터쯤 되는 넓이에 30미터쯤 되는 높이의 성은 회색, 검은색, 누런색의 젤리빈 같은 돌로 쌓아 놓았다. 성벽에는 군데군데 활이나 총을 쏘기 위해 창을 내놓았다. 차를 타고 곁을 지날 때는 그저 칙칙한 성으로만 보였는데 근처의 유람선 부두에서 보니 파란 하늘과 암녹색 산을 배경으로 청회색 호숫물 위에서 아름답다.

    이 성은 처음에는 알프스를 넘어오는 이탈리아나 프랑스 상인에게 통행세를 징수했다. 12~16세기엔 사보이 왕가가 거주했고 베른시대엔 요새나 병기창 그리고 감옥으로 사용했다.

    이 성이 유명해진 이유는 성의 외관보다는 바이런의 시와 지하 기둥에 남아 있는 서명 때문이다.

    바이런은 1816년에 이곳에 왔다. 그 당시 그는 영국에서 비난을 받자 조국을 등졌다. 그는 자유로운 영혼의 소유자였고 정치적으로는 노동자를 지지했다. 어쩌면 그가 '시옹성의 죄수'란 시를 쓴 이유는 시옹성에 투옥되었던 프랑수아 보니바르$^{Franccois\ Bonivard}$의

처지를 많은 부분 공감했기 때문일 것이다. 바이런의 몸은 자유로웠지만, 정신은 쇠사슬에 묶여 있었다.

쇠사슬을 벗은 영원한 정신!
자유, 너는 지하 감옥에서도 환히 밝도다.
그곳에서 내가 머물 곳은 뜨거운 열정
사랑만이 속박할 수 있는 열정이어라.
자유여, 너의 자손들이 족쇄에 채워져
차갑고 습기 찬 햇빛 없는 어둠 속에 내던져질 때
그들의 조국은 그들의 순국으로 승리를 얻고
자유의 영예는 천지에 퍼지리라.
시옹! 너의 감옥은 성스러운 곳
저의 슬픈 바닥은 제단
그의 발자국에 닿은 너의 차가운 돌 바닥은
마치 잔디처럼 되어버렸구나.

누구도 이 흔적을 지우지 마라.
그것은 폭군에 항거하여 신에게 호소한 자국이니.

― 시옹의 죄수 중 / 바이런

시옹성. 호수와 산이 없으면 그저 돌덩이일 뿐이다.

그러나 리처드 카벤디쉬Richard Cavendish는 《죽기 전에 꼭 봐야 할 유적 1001》에서 지하 감옥의 기둥 중 하나에는 바이런의 서명이 새겨져 있으나, 서명의 진위 여부에는 의문을 갖는다. 바이런이 평소에 한 서명과 기둥에 있는 서명이 틀릴 뿐만 아니라 귀족 출신의 성공한 시인이자 상원의원이 단단한 돌기둥에 홈을 파서 서명을 진짜 남겼을 것인지 의심한다.

05
로이커바드,
산속의 섬에

    성에서 나오자 하늘이 점점 어두워지더니 또 비가 쏟아진다.
    완만한 구릉지가 끝나자 서서히 스위스가 참모습을 드러낸다. 좌우에 펼쳐진 들이 기껏해야 3, 4킬로미터 정도로 좁아진다. 평야는 밀밭이거나 유채밭이다. 그 밭을 넘어가면 산이 급격하게 솟아오른다. 우측은 남 알프스 산맥이고 좌측은 북 알프스의 끝자락이다. 해가 잘 드는 북 알프스 산기슭은 포도밭이다. 버스가 달릴수록 알프스의 산은 평야를 밀고 들어온다.
    론^{Rhone} 강이 길 곁으로 바싹 다가왔다가 멀어졌다 하면서 따라온다. 론 빙하에서 발원해서 레만 호로 들어가기 위해 달려온 강물은 이제 지쳤는지 허옇게 거품을 물고 있다. 이 물은 레만 호에서 10년쯤 쉬면서 강물의 본래 색인 푸른색을 되찾고 다시 바다로 달려갈 것이다.
    론 강 상류는 강물의 흐름을 둑이 인도한다. 둑은 사람이 만들었음에도 풀과 나무가 자라면서 사람의 손길이 닿았음을 알지 못하게 한다. 둑 또한 강물처럼 태초에 그렇게 생기고 자란 것처럼 자연과 동화되어 있다.

치수治水란 강의 자유를 속박하는 일이다.

자유롭게 흐르는 강물을 둑으로 가두고 정해진 길로만 가게 한다. 둑이라는 경계를 그어놓고 강의 자유를 구속한다. 개간이란 핑계로 강물의 영역을 훔치고 빼앗는다. 산을 등지고 물을 가까이 한 터에 사람의 손길이 닿았음을 초목이 자라면서 지워낸다. 사람들은 이런 땅이 아름답다고 선호하며 모여든다. 그러나 이 평화는 시한부 평화이다.

30년 만에, 50년 만에, 100년 만에 엄청나게 많은 눈이 내렸는데, 채 눈이 녹기도 전에 폭우가 내리면 론 강은 사람이 만든 둑을 넘어 옛날에 갔던 길을 찾아갈 것이다. 강물은 10년마다 경고를 할 것이고 50년이나 100년 만에는 그 경고를 실행할 것이다.

자연을 있는 그대로 두고 사람이 불편을 감수하는 생활이 환경보호다.

사람들은 환경 보호를 하자고 하지만 그 누구도 목욕 대신 샤워를, 자동차 대신에 자전거를 타자는 이야기는 하지 않는다. 세제의 인산염을 줄이자고 하거나 정차 상태에서는 시동을 끄자고 하지 않는다. 대신 공장을 짓고 발전소를 짓는 일에 반대할 뿐이다. 발전소를 더 짓지 않는 대신 집에서 사용하는 전기를 절전하거나 가전제품 사용을 줄이고자 실천하지 않는다.

계곡은 점점 좁아지고 좌우의 산은 높아지고 험해진다. 산과

산 사이에 더 높은 봉우리와 뾰죽한 청회색 산들이 나타났다가 사라지길 반복한다. 거대하게 치솟은 산들이 내 눈을 압도하며 그 거침에 두려움을 갖게 한다.

 2천 미터 이하의 산은 이곳 사람에게는 산이 아니라 동네 뒷산일 뿐이다. 높은 산이 흔해서 그런 것인지 높이가 4천 미터는 되어야 산에 이름을 붙여준다. 티베트 사람들은 산의 높이가 5천 미터 이하의 산은 산이 아니라서 이름도 지어 주지 않는다고 하니 세상

에 '높다, 낮다'는 어떤 대상에 견주어 평가하는 것일 뿐이다.

동남쪽으로 달리던 버스가 몸놀림이 둔한 유조선처럼 서서히 왼쪽으로 돈다. 교통 요충지 마티니^{Martigny}다.

이곳에서 서남쪽으로 가면 프랑스 샤모니^{Chamonix}고 남쪽으로 바로 내려가면 알프스를 넘어 이탈리아다. 나폴레옹은 이 길을 지나 세인트버나드^{St. Bernard} 고개를 넘어 이탈리아로 갔다. 자크 루이 다비드^{Jaques Louis David}가 그린 〈알프스를 넘는 나폴레옹〉은 이 세인트버나드 고개를 넘는 나폴레옹을 묘사한 작품이다. 그림에서는 나폴레옹이 백마를 타고 광풍이 부는 날씨에 고개를 넘는 것으로 묘사되어 있지만, 사실은 맑은 날 당나귀를 타고 넘었다고 한다.

몽블랑Mont Blanc 터널과 세인트버나드 터널이 뚫리면서 마티니는 쇠락했다. 에비앙은 생수로 도시를 번성하게 할 기회를 살려냈으나 불과 에비앙에서 50킬로미터 떨어진 마티니는 사람들에게 잊혀지는 도시가 되었다.

버스가 회전을 끝내고 북동쪽으로 방향을 잡자 수백만 년 전 빙하가 흘러갔던 U자형 계곡이 나타난다. 북 알프스와 남 알프스의 경계 사이에 있는 이 계곡은 녹색, 청회색, 누런 모래색이 어우러진 거대한 대리석 욕조인 듯하다. 평지에는 공장 건물이, 산에는 집이 촘촘하게 자리를 잡았다.

눈을 녹이기 위해 열선을 깔아 놓은 도로를 지나고, 군용기 격납고Shelter가 있는 비행장을 지나가고, 론 강 상류를 지나면서 커다란 보를 지나간다. 보에 가두어진 강물은 맑고 투명하다.

로이크Leuk를 지나자 길은 좁고 구불구불해서 버스 기사가 연신 온몸으로 핸들을 감았다 푼다. 돌산에서 지는 저녁 노을이 장엄하나 경치를 감상할 여유가 없다. 계곡의 폭은 넓지 않으나 그 깊이를 가늠할 수 없다. 나도 모르게 안전띠를 다시 확인한다. 원래 가고자 했던 길은 눈 때문에 통행할 수가 없어서 우회로로 간다. 이 길은 옛길이라서 올라왔던 길보다 폭이 더 좁다.

버스가 가다 서기를 반복하면서 터널 속으로 들어간다. 차량 한 대가 지나갈 수 있는 터널이다. 콘크리트로 마감처리를 하지 않은 터널은 땅콩 초콜릿 바의 표면처럼 우둘투둘하다. 버스 차체가 튀어나온 돌에 긁힐 것만 같다. 버스가 굴을 벗어나자 절벽이 사방을 감싸고 있다. 서늘한 공기가 몸을 감싼다. 오월임에도 기온은 초겨울 날씨다.

빗물이 땅속으로 스며들었다가 40년 후에 다시 따듯한 물로 솟아오르는 로이커바드^{Leukerbad}다.

호텔 복도는 길고 여러 번 꺾이는 게 건물을 조금씩 여러 번 확장한 듯하다. 그런데 엘리베이터는 확장을 하지 못했는지 탑승자가 몸을 서로 밀착해야 간신히 네 명이 탈 수 있다. 정지하는 것도 부드럽게 서지를 못하고 요란한 소리를 내며 멈춘다.

방에 들어서자 창으로 마을과 절벽이 보인다. 수백 미터쯤 되는 절벽은 상어껍질 같은 푸르스름한 회색이고 이곳저곳이 패여 거친 바위 덩어리다. 그 파인 곳에서 작은 나무와 풀이 자란다.

마을 어귀에 있는 식당에서 포도주를 곁들여 식사를 마치고 나오니 하늘은 은은한 보라색이다. 구름은 분홍색이 감도는 주홍색 같기도 하고 주홍색이 감도는 분홍색 같기도 하다. 인적이 끊긴 마을엔 바람조차 고요하다.

낮에는 불시옥이더니 밤이 되자 얼음 지옥이다. 하루에 사계절을 모두 경험한다. 종일 걸은 데다 저녁 식사 때 마신 두 잔의 포도주 탓인지 다리가 후들거린다. 온천수로 목욕할 것인지 샤워를 할 것인지 망설인다. 팔뚝 굵기에 사람 키만한 라디에이터^{Radiator}가 목욕탕에 설치되어 있다. 샤워 꼭지를 틀었더니 차가운 물만 나온다. 한참을 기다렸다가 뜨거운 물로 한낮에 흘린 땀만 씻어낸다.

새벽 4시. 가방에서 노트북을 꺼내어 켠다. 나보다 더 게을러터진 노트북이 한동안 정신을 차리지 못한다. 멀티태스킹 증후군에 시달려 산 인생이라 부팅^{Booting}되는 시간을 느긋하게 기다리지 못하고 나는 무엇인가를 해야 한다.

서류 가방에서 출장용 공구통을 꺼낸다. 공구통에는 혈압약, 소화제, 감기약, 술 깨는 약, 필기구, 녹음기, 초소형 삼각대, 스마트폰 홀

로이커바드의 석회암 절벽

더, 배터리, GPS 센서, 촬영 보조기구, 명함, 열쇠, USB 메모리, SD 메모리, 카메라 충전기, 휴대전화 충전기, 여권 복사본, 이어폰, 공항 X-Ray 투시기를 통과하기 위해 열쇠로 위장한 칼, 소형 줄자가 조용히 숨죽이고 있다. 이들은 15년 간 통 속에 갇혀 있었다. 이번 여행이 끝나면 이들은 이제 다시는 나의 명령을 기다리지 않아도 될 것이다.

　미니 삼각대와 받침Holder을 통에서 꺼내곤 창문을 연다. 차가운 공기가 방으로 들어온다. 카메라를 설치하고 얼른 창문을 닫는다.

　마을은 캄캄하고 호텔 앞 광장의 가로등이 노란 불빛으로 주변을 밝히고 있다.

　어제 저녁 거대한 병풍 같았던 회색 절벽은 아직도 심해의 검은 골짜기다. 눈이 얹힌 곳만 군데군데 희미하게 보인다. 하늘은 짙은 청색 Deep French Blue이다. 시간이 흐르면서 어둠을 조금씩 빼낸다. 하늘이 프렌치 블루가 된다.

　한순간 프렌치 블루의 하늘이 푸르러지더니 밝아진다. 절벽이 흐릿하게 모습을 드러낸다.

　이제 하늘은 짙은 프렌치 블루이다. 어둠이 점점 빠진다. 하늘이 여린 군청색으로 바뀐다. 그러나 날은 아직도 밝지 않았다.

　마을은 여전히 캄캄하다. 한순간 군청색 하늘이 푸르러지더니 날이 밝는다. 그제서야 절벽도 그 모습을 드러낸다. 태양의 기운이 하늘에 퍼지자 마침내 군청색은 하늘색이 되었다. 하늘은 푸른 셔

츠가 오래되면 서서히 물이 빠지듯이 투명한 회색이 되었다. 마침내 하늘에 드리웠던 어둠이 다 빠졌다.

　새날이다.

Part 03

초연해서
홀로 우뚝한
마터호른처럼

이탈리아

아침 식단 메뉴가 거창하다. 치즈 8종에 요구르트 8종, 소시지와 살라미, 햄은 10종이 넘고 빵의 종류도 10종이 넘는다. 따뜻한 음식을 담은 차핑디쉬$^{Chafing\ Dish}$도 8종이나 된다. 이른 아침임에도 요리사가 나와서 오믈렛이나 스크램블을 즉석에서 요리한다.

치즈는, 먹어 보지 않아도 구멍이 숭숭 뚫린 에멘탈러^{Emmentaler}는 알 수 있으나 나머지는 보기만 해서는 알 수가 없다. 한 점씩 잘라 먹어 보니 그뤼에르^{Gruyere}와 라끌레트^{Raclette}만 알아 볼 수 있다. 영국산 체다^{Cheddar}와 프랑스산 브리^{Brie}는 가져다 놓지 않은 것으로 보아 스위스에서 생산한 치즈인데 치즈 이름은 알 수가 없다. 그런데 스위스를 대표하는 아펜첼러^{Appenzeller}는 보이지 않는다. 이 치즈는 냄새가 재래식 소변기의 암모니아 냄새만큼이나 독해서 아침 식단에 올려놓기 부담스러웠나 보다.

스위스도 농가에서 직접 치즈를 만드는 것이 아니라 공장에서 치즈를 대량생산한다. 여기 있는 치즈들도 공장에서 왔을 것이다. 장인이 손으로 만든 치즈는 비싸서 웬만한 호텔에선 쓸 수가 없었을 것이다.

제품의 세계화라는 이름으로 맛을 균일하게 유지하는 것은 명목상 그럴싸하지만, 문화와 전통을 파괴한다. 공장에서는 효율이나 과학이라는 이름으로 음식물을 대량으로 생산한다. 그러나 김치나 치즈처럼 발효하는 식품은 집집이 그 맛이 다르다. 같은 맛을 낼 수가 없다. 집안의 미생물 서식 조건이 다르고 집집이 전해지는 발효 음식을 만드는 방식이 다르기 때문이다.

01
담백하게

회색 하늘이 이젠 구름 한 점 없는 새파란 하늘로 바뀌었다. 스위스에 오기 전에 꿈꾸어 왔던 그 하늘, 스위스에 도착해서 아침에 보고 싶어 했던 바로 그 하늘이다.

절벽의 9부 능선 위는 황금색이다. 능선 근처에 쌓인 하얀 눈이 햇살에 반사되어 눈이 부시다. 황금색 덩어리가 점점 커진다. 산정 근처의 좁은 골은 짙은 황금색이고 돌출된 부분은 백금이라도 섞였는지 밝은 금색이다. 그 아래 절벽 부분은 여전히 회색이다. 절벽에 아침 햇살이 들자 황금색으로 변한다. 그러나 햇살이 들지 않는 절벽 아래 나무와 초지는 더 어두워진다. 황금색이 밝아지면 밝아질수록 어둔 그림자가 더 짙어진다.

새들이 날아다니며 마을을 깨우고 여행객들은 카메라 셔터와 감탄사로 마을을 깨운다. 아직 이른 시간인 탓인지 상점은 문을 열지 않았다. 가게의 유리창은 먼지 하나 없고 진열된 상품은 아기자기하다. 어슬렁거리며 마을을 지나 산으로 올라가자 허리 높이의 돌담이 길을 막아선다.

이 높고 좁은 산꼭대기 분지에 또 굽은 계곡이 있다. 그 계곡 속에 사람이 모여 산다. 녹색 담요 위에 레고 블록을 정교하게 조립한 것처럼 집이 앙증맞다. 하얀 벽은 햇살을 반사해서 눈이 부시고 지붕은 검다.

이 마을은 세상과 교류를 원하지 않는가 보다. 오스트리아의 할슈타트Hallstatt가 호수와 산으로 담을 쌓아 외지인의 접근을 막았다면 이곳은 절벽으로 사람의 출입을 차단했다. 소음과 혼잡으로부터 질서를 잡고 고요한 곳에 자리하기 위해 때론 담을 쌓아야 하는가 보다.

　절벽에 햇살이 들자 작은 골짜기와 바위틈까지 그 모습을 드러내고 간혹 쌓여 있는 흰 눈이 거품처럼 일어난다.

　호텔 앞에서 조금 내려가니 뜨거운 물과 차가운 물이 성 로렌 St. Laurent 이라는 샘에서 솟아나온다.

　두 사람이 오더니 배낭에서 수질측정기, 사진기, 온도계 그리고 파일을 꺼낸다. 물 관리하는 사람들이다. 온도를 재더니 찬물은 9도, 뜨거운 물은 35도라고 파일에 적는다. 뜨거운 물과 찬물을 번갈아 가면서 맛을 보더니 나를 보며 "구우~트"라고 한다.

　스위스에서는 1년에 50만 건의 수질 검사를 한다고 한다. 화학적 검사보다는 검사인이 물을 한 모금 마시면서 직관 검사를 주로 한다. 동행인도 한 모금 물을 마셔보더니 맛이 좋다고 한다.

　맛있는 물이 어떤 것이냐고 물었더니 아무런 향도 맛도 느껴지지 않는 물이라고 한다.

아무런 맛도 느낄 수 없어야 맛이 좋다? 이것은 논리적으로 맞는 말은 아니다. 그럼에도 세상에는 실재하지 않으면서도 막강하게 영향력을 행사하는 존재가 있다. 이들은 실재하지 않음에도 사람의 삶에 강력하게 영향을 미친다. 눈에 보이지도 않으면서, 그 어떤 향기나 맛 혹은 감촉도 느낄 수 없는데 사람을 지배한다.

에비앙 생수를 버리고 맛이 없는 좋은 물을 담는다.

02
불편을,
위험을 감내해 보았는가

버스는 밤새 차갑게 식어 있었다. 구불구불한 로이커바드를 버스가 추위에 몸이 덜 풀린 듯 조심스럽게 빠져나간다. 이 세상에서 다른 세상으로 넘어가기 위해선 어둠이란 공간을 지나야 하는가 보다. 어제 지나온 터널을 통과하자 세상이 밝게 빛난다.

눈이 부셔서 선글라스를 낀다.

선글라스는 눈부신 세상을 마주 볼 수 있도록 눈으로 들어오는 빛의 양을 제한한다. 로이커바드로 올라오는 험한 길과 로이커바드를 둘러싼 절벽도 세상으로부터 유입되는 것들을 제어하고 있다.

아침 햇살이 계곡의 깊은 곳까지 샅샅이 비춘다. 길은 높고 계곡은 깊다. 로이커바드에서 내려온 물이 오랜 세월을 흘러내리면서 저렇게 깊고 좁은 계곡을 만들었을 것이다. 버스가 회전할 때마다 내 몸이 계곡 위로 던져지듯 나는 긴장한다. 좁고 휘도는 산길에 깊은 낭떠러지는 내 안전을 수시로 위협한다. 마음은 초조하고 불안하기만 하다.

맞은편의 돌산은 이제 햇살을 반사하여 반짝반짝 빛난다. 산사태가 난 곳은 악마가 거대한 손으로 할퀸 듯 누런 흙과 검은 암석을 드러냈다. 어제 지나온 계곡의 평야는 저 산의 흙이 수천, 수만 년 동안 흘러가서 쌓인 것일 게다.

론강 상류를 건너 9번 도로를 달린다.

또 비행장이다. 군용으로 전용이 가능한 비행장이다. 한두 번의 공습이나 게릴라 공격으로는 쉽게 파괴하지 못하도록 비행장 시설물을 분산시켜 놓았다. 민간인 차량 몇 대가 활주로를 달린다. 평시에는 비행장을 주민이 자동차 운전연습을 하거나 마을 행사 때 사용한다고 한다. 활주로는 안방처럼 깨끗해야 조종사와 승객의 안전을 담보할 수 있는 곳인데 스위스는 주민에게 활주로를 개방하고 있다. 놀라운 일이다.

2007년 7월, 파리 샤를르 드골 공항에서 이륙하던 콩코드기가

추락했다. 콩코드에 앞서 이륙했던 컨티넨탈 항공 DC-10기가 떨어뜨린 엔진의 부품을 콩코드기가 밟고 지나가면서 타이어가 터졌기 때문이다. 터진 타이어의 파편은 연료탱크를 찢었고 항공기 바퀴의 전선을 절단해서 화재가 발생하면서 비행기는 추락했었다.

    5분도 채 가지 못 했는데 또 비행장이다. 격납고가 활주로 반대편 산속에 들어가 있다. 고속으로 저공비행을 하는 적 전투기에서는 식별할 수 없는 곳이다. 이건 50년 동안 전쟁 준비만 해온 북한도 아니고 산골짜기에 무슨 비행장이 이리 많은가? 이번 비행장이 더 큰 것으로 보아 아까의 비행장은 예비 비행장인 모양이다.

    터널을 지나가자 U자였던 계곡이 V자 협곡으로 바뀌었다. 산의 경사는 더 가파라져 45도가 넘는다. 체르마트로 가는 계곡으로 들어섰나 보다. 개울 같은 론 강이 급히 달려간다. 이곳에서야 강은 비로소 사람의 손으로부터 해방되어 자유를 찾은 것 같다. 석회 성분을 머금은 강물은 예쁜 옥들이 끊임없이 구르는 것처럼 보인다.

    산의 8부 능선에 집이 옹기종기 모여 있다. 사람이 생활하기에는 너무나 불편하고 위험해 보인다. 급한 경사지와 절벽 그리고 낭떠러지 근처에도 집이 있다. 집들은 마을을 이루고 있다.

    산은 원체 경사가 심해서 여러 곳에 대형 산사태가 일어났던 흔적이 남아 있다. 산이 험하고 높아서 산사태의 규모도 거대하다.

토양이 심각하게 유실되어 흉측한 모습을 드러내고 있다. 이렇듯 생존을 위협하는 극한 상황에서 살아야 한다면 오히려 용병으로 전쟁터에 나온 것이 더 편안한 생활이지 않았을까도 싶다. 주민의 복지차원에서라도 초지 관리와 산사태 방지를 위한 조림사업이 생활화될 수밖에 없을 듯하다.

갑자기 계곡이 넓어졌다. 경사졌던 계곡은 수직의 절벽이 되었다. 계곡의 풀밭에는 노란 민들레 꽃이 군락을 이루고 피어 있다. 길가에 집이 드문드문 나타난다.

주 정부에서 환경 보호를 이유로 체르마트^{Zermatt}에서는 전기차만 통행을 허용했기 때문에 타쉬^{Tasch}에서 기차를 타야 한다. 도심에서 자동차 시동도 마음대로 못 걸게 하더니 이곳에서는 휘발유나 경유차 운행 자체를 금지해 놓았다.

카메라는 목에 걸치고, 노트북과 출장용 공구통이 든 가방은 등에 지고, 왼손으로는 롤러보딩백$^{Roller\ Boarding\ Bag}$을 끌고, 오른손으로는 소형가방을 들고서 길을 걷는데 카메라는 연신 배를 툭툭 치고 롤러보딩백은 가끔 내 왼쪽 발꿈치를 친다. 집이나 호텔에서 머물 때 짐은 몸을 편하게 하는 재산^{財産}이지만 이동할 때 짐은 몸을 피곤케 하는 재산^{災産}이다.

단선철로에서 전기 기차는 40킬로미터 정도의 속도로 달린다. 복선이 나오면 천천히 속도를 줄이고 정차한다. 체르마트에서 내려오는 기차가 지나가면 다시 출발한다.

　불편하다. 이곳을 보려는 사람에게 기차를 꼭 타게 하려는 이유는 무엇일까? 스위스의 선진화된 철도 시스템을 보여 주려는 생각일까. 아니면 환경 보호를 얼마나 실천적으로 하고 있는지 여행자에게 실감시켜 주기 위한 것일까.

　최근 30년간 환경 관련 규제는 대부분 유럽에서 나왔다.

　영국표준협회에서 발의한 ISO 9000시리즈. 유럽에 전자제품을 수출하기 위해서는 꼭 품질인증을 받아야 한다. 그런데 이 인증은 컴퓨터 소프트웨어Software처럼 업그레이드하더니 14000시리즈까지 갔다. 물론 그때마다 이 인증기구들은 돈을 받았다. 앞으로도 계속 업그레이드 될 것이며 그때마다 돈을 받을 것이다.

　남극 상공의 오존층에 구멍이 뚫렸는데 매년 이 구멍이 커지고 있다고 80년대 중반부터 90년 중반까지 세상은 요란했다. 그리고 그 주범으로 프레온Freon 가스를 지목했다. 그 당시 냉장고나 에어컨은 프레온 가스를 냉매로 사용하고 있었다. 제조업체들은 90년대부터 프레온 대신 R-22나 R-134A로 전환을 해야 했다.

　요즘은 뉴스나 신문에서 남극 상공의 오존층 구멍에 대해서는 보도하지 않는다. 심지어 북극마저 오존층이 파괴되고 있는 지경인데도 아무런 기사도 접할 수가 없다. 이젠 이산화탄소가 지구 온난화의 주범이라고 한다. 그래서 이산화탄소 배출을 많이 하는 석탄이나 석유 같은 화석 연료의 사용을 줄여야 한다고 한다. 화석 연료의 사용을 줄이려면 원자력이나 풍력, 태양열 에너지의 사용량을 늘려야 한다. 그러면 석탄이나 석유업계와 화석 연료로 전기를 만들어 제조업을 가동하는 나라는 타격을 입게 된다. 산업 혁명기에 세계의 공장이었던 유럽은 이미 많은 공장을 중국이나 동남아로 이전했다. 그 대신 디자인, 소프트웨어 같은 연구·개발 중심의 산업과 기술 컨설팅, 금융, 관광 등 서비스 산업의 비중을 키워 이산화탄소 배출량을 줄였다. 남아 있는 공장들은 의약품 제조 같은 정밀화학 산업이나 항공기 제조와 같은 이산화탄소 배출이 적고 기술 집약적인 제조업뿐이다.

ISO 시리즈든, 오존층 파괴든, 이산화탄소 총량 규제든 다 옳고 좋은 취지다. 하지만 이 때문에 비용을 지불해야 하는 나라는 제조업 위주인 아시아 국가들일 것이다.

과거 서구 열강이 총칼을 들고 아시아와 아프리카, 중남미를 수탈했다면, 지금은 총칼 대신 흥미 있는 이야기로 포장한 제품과 지식을 앞세운다. 총칼에는 저항이라도 했지만 명품이나 소프트웨어에는 사람들이 무기력해진다. 마케팅 기술로 포장된 스토리텔링과 저작권법으로 보호된 지식산업은 비싼 사용료를 어쩔 수 없이 지불하게 한다.

짐들이 또 나를 귀찮게 한다. 체르마트 역에서 오늘 숙박할 고르너그라트 정상에 있는 역으로 짐을 부친다.

짐을 스캐닝하고 컨베이어 벨트로 보내는 것으로 보아 항공 산업에서 사용하는 화물운송시스템이다. 화물운송서비스는 화물을 분류하는 설비가 자동화되어 있고 화물 보관소와 짐을 운반하기 위한 화물차를 별도로 운영한다. 카메라만 달랑 들고 역사를 나오니 몸이 날아갈 듯 가뿐하다.

사람이 북적거리는 거리에서 스포츠 의류가게와 쇼핑몰을 보면서 걷는다. 노점에도 햄버거 체인점에도 슈퍼마켓에도 사람들이 북적거린다. 이렇게 사람이 많은데도 거리는 깨끗하다. 담배꽁초나 쓰레기도 보이지 않는다.

체르마트에는 건물이 빼곡하게 들어차 있어서 차를 주차할 공간 확보가 어려웠을 듯하다. 그리고 이곳에 들어온 바람조차 계곡의 한편을 마터호른이 가로막고 있고 건물과 산이 다른 방향을 막고 있어서 공기가 빠져나갈 수 없을 듯하다. 이곳에 자동차가 다니면 배기가스는 고스란히 체르마트에서 머물며 사람을 괴롭혔을 것 같다.

산으로 난 산책길을 올라가자 해발고도 4,478미터인 마터호른이 그 모습을 드러낸다.

03
마터호른,
산들의 황제처럼

나는 마터호른을 영화나 사진으로 볼 때마다 나의 덧니를 연상했었다. 날카롭게 불쑥 튀어나온 나의 왼쪽 덧니와 너무 흡사했기 때문이다. 그런데 실재하는 마터호른은 해수면을 유영하는 상어의 등지느러미를 닮았다. 끝이 구부러진 창처럼 생겼다. 그렇게 마터호른은 휑한 벌판에 홀로 불쑥 솟아 있다. 날카로운 예기를 흘리며 마터호른은 자신만의 권위를 세우고 있다. 부정한 자들은 지레 놀라서 범접하지 못할 것처럼 위압스럽다. 태초의 신비한 이야기들이 아직도 떠돌고 있는 것처럼 눈길을 잡고 놓아주지 않는다.

왼편 산기슭에는 전나무가 고르너그라트 정상으로 올라가며 군락을 이룬다. 오른편에는 전나무 숲과 풀밭이 마터호른 쪽으로 펼쳐지며 녹색의 바다를 이룬다. 마터호른은 거대한 상어가 녹색 바다를 한가롭게 유영하는 것 같다. 구름이 산허리를 감으며 지나가자 물이 갈라지며 튀는 듯하다.

초등학생 때 나는 마터호른을 처음 보았다. 거듭된 도전에도 정상을 정복하지 못했던 주인공이 우연히 '굴뚝길'을 발견하면서 정상을 오른다는 어린이용 영화에서였다. 산의 모양이 너무나 기괴해서 나는 마터호른이 실제로 존재하는 산이 아니라 '영화 속에 존재하는 산'이라고 생각했었다.

'굴뚝길'은 마터호른을 스위스 쪽에서 등정할 때 정상 근처에 있는, 절벽과 절벽 사이의 틈에 난 길이다.

굴뚝길이 발견되기 전에 마터호른을 정복하려는 사람은 경사가 완만한 상어 지느러미의 앞쪽인 이탈리아 쪽에서 올랐다. 그러나 지층의 결이 스위스에서 이탈리아 쪽으로 비스듬하게 경사가 져 등산가들이 발을 딛기가 어려워 계속 실패를 했다. 그러나 스위스 쪽에서 오르면 경사도는 심할지라도 발 딛기가 편할 것으로 생각한 영국인 휨퍼^{Edward, Whymper}는, 1865년 이 굴뚝길을 타고 올라서 마터호른 등정에 성공했다.

일이 잘 풀리지 않을 때 거꾸로 뒤집어서 성공한 셈이다. 그러나 휨퍼의 등반대 일곱 명은 하산하던 중, 줄이 끊어지는 사고로 세 명만 무사히 귀환했다.

40년 이상, 나의 상상 속에만 있었던 마터호른은 내 눈앞에서 현실이 되었다. 그러나 나의 발걸음은 정상을 정복하고 하산하는 등산가처럼 무겁기만 했다. 왠지 마음은 허허롭고 다리는 휘청거렸다. 산을 오를 때보다 하산을 하다가 사고가 일어나는 이유는 이러한 허탈감이나 무기력 때문일지도 모르겠다. 체력을 안배하지 못한 무리한 일정 탓일까.

체르마트에서 본 마터호른

산은 올랐으면, 반드시 내려와야 한다. 정상은 올라 머무는 곳이 아니라 내려가기 위해 출발하는 곳이다. 오르는 것도 중요하지만, 때를 맞추어 하산하는 지혜도 필요하다. 여행도 머물기 위해 떠나는 것이 아니라 새로운 어딘가를 찾아 다시 떠나야 한다. 삶도 마찬가지일 텐데 나는 어디로 가고자 하는 것일까. 건축 자재를 매달고 공중에서 호버링Hovering하는 헬리콥터처럼 갈 곳을 찾지 못해 무거운 짐을 매달고 어딘가 맴돌고 있는 것은 아닐까.

	호버링하는 헬리콥터를 찍기위해 카메라 셔터를 눌렀더니 주황색 불빛이 깜빡인다. 배터리가 방전 되었다. 사진을 찍는 즐거움을 조금 더 늘려보자고, 여행 중에 필요하다고 생각해서 챙겨온 베터리가 없다. 나를 불편하지 않게 하더라도 필요가 없는 물건을 가지고 있는 것이 진짜 짐인 줄 모르고 나는 무겁고 귀찮다고 곁에 두어야 할 짐을 놓아 버렸다.

	정작 필요한 순간에 카메라를 사용할 수가 없다. 배터리가 방전될 줄 알았거나 배터리 상태를 미리 점검하는 부지런을 떨었다면 사진을 촬영할 수 있었을 것이다. 나를 위해 나의 손발과 머리가 먼저 수고해야 함을 또 잊어버렸다.

	초콜릿색 통나무집 처마에 있는 물받이와 홈통은 얇은 함석이 아니라 동판이거나 주철이다. 이렇듯 고급재료로 물받이를 만든 것은 아무리 통나무집이라 할지라도 100년을 사용하겠다는 전제가 있었기에 설비했을 것이다.

기차를 기다리면서 무심코 뒷목을 긁으니 피부가 따갑다. 잠깐 산책을 하는 사이에 햇볕에 탔는가 보다.

열차 바닥은 차륜과 동력이 들어가는 부분이 높고 출입문이 있는 중앙은 낮다. 중앙 복도는 플랫폼과 높이가 같다. 낮은 곳에는 좌석이 없고 차륜이 있는 곳에만 좌석이 있다. 승객들이 경치 좋은 자리를 찾아 허둥거린다. 그러나 눈썰미가 있거나 미리 지형지물을 관찰한 사람은 마터호른이 있는 오른쪽에 여유롭게 앉는다. 5초도 안 되는 순간에 생각 있는 사람이나 방향감각이 있는 사람은 오른쪽에 몰려들고 생각이 없는 사람과 방향감각이 없는 사람은 왼쪽에 몰려 있다.

기차가 마을을 벗어나자 오른쪽에서 거대한 상어 지느러미가 나타난다. 기차가 산을 오르자 상어는 등을 드러낸다. 마터호른 아래 고원은 평평하다. 기차가 고르너그라트로 올라갈수록 마터호른은 석대 위의 물개로 바뀐다.

마터호른 좌우로 멀리 보이는 산들이 파도처럼 일어난다. 고봉의 만년설은 거친 파도처럼 부서지며 허연 거품을 일구고 산에 걸친 구름은 바람에 날리는 물보라가 되어 물개를 따라간다. 물개가 머리를 쳐들고 포효한다. 마터호른은 파도가 심하게 이는 바다의 암초 위에 우뚝 선 물개가 되었다.

기차가 산허리와 능선을 감았다 풀었다 하면서 3,099미터 고르너그라트 역에 도착했다.

　이제 마터호른은 여러 산 중 하나의 산으로 존재하는 것이 아니라 홀로 우뚝 선 두각頭角이 되었다.

　알프스 산맥의 숱한 고봉에 묻히기를 거부하고 푸른 하늘 아래 홀로 우뚝 솟아 자신의 존재를 확연하게 드러낸다. 무리에 묻혀 지

내는 삶보다는 고상한 삶의 표상처럼 당당하다. 만인을 압도하는 카리스마를 품어낸다.

　알프스 산맥에 둘러싸인 고르너그라트 정상은 무채색의 세상이다. 멀리 있는 산은 흰색과 검은색이거나 회색이다. 근처의 산은 물 빠진 녹색이다. 녹색도 투명한 녹색이 아니라 검은 그림자가 드

리운 녹색이다. 녹색이라고 하기엔 생명력이 없다.

정상 아래 계곡에는 고르너 빙하^{Gornergletscher}가 펼쳐진다. 창백한 빙하는 만년의 삶을 마감하고 코발트색의 눈물을 흘린다.

1984년. 스위스 과학자 한스 외슈거$^{Hans\ Oeschger}$는 그린란드에서 빙하 코어^{Core}를 채취한 후 그 안에 갇힌 공기를 분석했었다. 2만 5천 년 동안의 지구 기후가 어떻게 변화했는지 연구했다. 그 결과 지구의 기후는 1,500년을 주기로 변화했음을 계산해 냈다. 1987년 남극의 보스토크^{Vostok} 빙하에서 추출한 빙하 코어들도 40만 년 동안 지구의 기후 변화 또한 1,500년을 주기로 이루어졌음을 증명해 주었다.

'지구 온난화'라는 단어가 대한민국의 신문에 처음 등장한 것이 1960년이다. 그 후 1984년까지는 별로 주목을 받지 못하다가 1988년부터 빈번하게 등장했다.

1979년부터 1990년까지 영국의 총리였던 마가렛 대처$^{Margaret\ Hilda\ Thatcher}$는 '영국병'을 치료해서 '철의 여인'이라고 불렸다. 그녀의 재임 시, 탄광 노조의 파업은 극심했고 이란 혁명으로 중동 정세 또한 몹시 불안했다. 이 때문에 영국은 안정적인 에너지 자원의 확보가 필요했다.

대처는 핵에너지가 그 해결책이라고 생각했다.

핵에너지 정책을 밀어붙이려면 국가 경쟁력을 잃은 탄광을 닫아야 하는데 노조를 설득할 구실이 필요했다. 그 방법을 찾기 위해 영국 정부는 영국 왕립학회에 자금을 지원했고 협회는 화석 연료에서 나오는 이산화탄소가 지구 온난화를 가속한다는 논리를 세웠다.

영국 기상대는 이와 관련된 국제기구를 제안해서 1988년 기후 변화에 대한 정부 간 다자 간 패널IPCC을 창설했다.

지구 온난화는 처음에는 마가렛 대처의 핵에너지 추진을 위해서 연구를 시작했으나 1979년 독일 통일 이후, 구심점을 잃은 좌파 운동단체와 환경단체가 주요 쟁점으로 다루더니 정치적인 문제로 확대되었다.

BBC의 다큐멘터리 〈위대한 지구 온난화 사기극The Great Global Warming Swindle〉과 프레드 싱거의《지구 온난화에 속지 마라》에서는 한 정치가의 정책 실현을 위한 연구가 시간이 지나면서 연구소, 환경단체, 정치가, 친환경 기술을 가진 기업이 광범위하게 활용하면서 저개발 국가에게 화석 연료 개발과 이용을 제한하거나 피해를 주었다고 주장한다. 이들은 지구의 기온이 이산화탄소 때문에 변하는 것이 아니라 태양 흑점 활동이 지구 기온에 결정적인 영향을 끼친다고 주장한다.

중국의 풍력과 태양열 에너지 산업이 세계 에너지 시장을 압도하고 유럽의 원자력이 에너지 시장에서 점유율이 낮아진 이후에도 이산화탄소에 의한 지구 온난화를 계속 외치고 있을 것인지 궁금하다.

호텔에 들어가자 해발고도를 나타내는 3100이라는 표지판이 있다. 방을 배정받고 올라가니 주변 산의 높이로 호실을 구분한다. 마터호른은 4478호이고 몬테로사$^{monte\ rosa}$는 4554호이다. 투숙객에게 고산을 하나씩 선물하면서 추억을 만들어 주는 차별화 전략은 독특하지만, 방향 감각이 떨어지는 사람은 방을 못 찾아 헤매야 할 것 같다. 하기야 2층밖에 안 되는 호텔에서 헷갈려 봐야 잠깐일 것이다.

저녁 메뉴는 스파겔^{Spagel,} 아스파라거스 튀김과 필레^{Fillet}다. 손바닥만한 여린 샐러드와 맑은 수프가 나왔다. 중국집에서 볶음밥을 시키면 따라나오는 계란탕 파 송송 국이다. 그동안 국물에 주린 탓인지 한 그릇을 순식간에 비우고 더 청한다.

메인 코스 요리가 나오자 스파겔 튀김을 주문한 사람은 탄성을 쏟아낸다. 유럽은 이맘 때가 스파겔이 제철이다. 그런데 필레를 주문한 사람들에게서 비명이 터진다. 필레는 소고기를 두껍게 썰어서 원래 익히기 어려운데 고도가 3,100미터인 주방에서 요리하는 것이 오죽했겠는가. 한술 더 떠서 필레 밑에 스위스 치즈가 듬뿍 들어간 리조또는 보기만 해도 느끼하다.

해가 지자 또 마터호른이 변신한다.

날카롭고 장엄하며 당당했던 표상은 온데간데 없다. 산 정상에는 아기 눈썹 같은 초승달이 걸리고 산허리에는 솜이불 같은 회색 구름을 둘렀다. 물 위를 낮게 나는 작은 새를 잡기 위해 상어가 바다에서 튀어 오르는 듯하다. 곡예를 하는 물개가 날아오는 공을 받으려고 몸을 허공으로 날리는 동작과 흡사하다. 같은 곳을 보더라도 보는 양에 따라 느낌이 달라진다.

　구름은 서서히 선홍색으로 물들고 하늘은 조금씩 감청색으로 어두워진다. 눈부시게 빛났던 알프스의 산봉우리들도 빛을 잃어간다. 선홍색과 감청색. 흰색과 검은색. 해지는 고르너그라트 정상에 극과 극이 공존한다. 새벽부터 극과 극으로 하루를 시작하더니 저녁도 극과 극으로 마무리한다. 시간은 하늘과 땅 그리고 산과 절벽의 경계를 허물며 형체를 어렴풋하게 하더니 끝내 어둠으로 하나가 된다. 해 아래서는 자신의 색깔을 자랑하던 존재들도 밤이 되자 소리를 죽이며 어둠에 스며든다.

04
보이는 것을 믿는 것이 아니라
경험으로 판단한다

　창문을 열자 해발 3,100미터의 차가운 새벽공기가 방으로 밀려든다. 몸을 움츠리며 다시 창문을 닫는다. 아직 깊은 어둠이다.
　흰 두건을 쓴 KKK단이 어둠 속에서 스르륵 나타난다. 눈 덮인 마터호른 정상이 움직였다. 어제는 상어와 물개의 모습으로 자태를 뽐내더니 이젠 유령처럼 나타났다.
　시간은 또 하늘의 검푸른 물을 빼낸다. 만년설이 점점 더 선명해진다. 눈이 파란 색이다. 나는 눈에 보이는 파란색 눈을 파랗다고 생각하는 것이 아니라 내가 알고 있던 하얀색을 상상한다. 눈에 보이는 새벽 풍경을 그냥 인정하는 것이 아니라 나의 경험으로 판단한다.

　일출을 보기 위해 호텔 전망대로 뛰어간다.
　가슴에 고통이 밀려온다. 머리가 어지럽다. 나는 달리던 도중에 웅크리고 앉는다. 고도가 높으면 산소가 희박하다는 사실은 알고 있었지만, 지식과 경험의 차이가 어떤 것인지 다시 실감한다. 겨우 안정을 취하고 전망대에 갔을 땐, 해만 보이지 않을 뿐 세상은 이미 환하다.

하늘은 하늘색이 감도는 희뿌연 회색이다.

높이 뜬 하얀 구름은 햇빛을 받아 눈부신 황금색이 되었고 낮은 곳에서 햇빛을 받지 못한 구름은 그저 하얗다. 그늘진 동쪽 산 능선과 봉우리들이 파란 하늘을 배경으로 윤곽을 드러낸다. 남쪽에서 서쪽으로 이어지는 산봉우리는 벼린 톱날처럼 번뜩이며 빛을 뿜어낸다. 남쪽 산봉우리를 덮고 있는 하얀 눈은 노랗게 물이 들었다. 해가 뜨기 직전이 더 어둡다더니 동쪽에 있는 산들은 점점 어두워지더니 새까매진다. 해가 산을 넘어오자 산봉우리가 하나 둘 노랗게 물든다. 마터호른 정상도 햇살이 닿자 노랗게 물든다.

마터호른은 체르마트 계곡을 밝히는 촛대가 되었다.

해가 산에서 점점 높이 떠오르자 촛불도 커지고 밝아진다. 그러더니 마터호른 전체가 황금색으로 변한다. 날이 더 밝아지자 금빛 산봉우리에서 물이 빠지면서 하얀색이 된다. 하늘도 다시 자신의 색을 되찾는다. 하늘과 구름, 산과 눈은 해가 산에서 나오면서 소리 없이 색의 향연을 펼친다.

오늘은 체르마트에서 루가노^{Lugano}까지 200킬로미터를 달려야 한다. 넘어야 할 고개의 기상 상태에 따라 이동 코스를 조정해야 하므로 이른 아침 첫 기차로 하산하기로 했다.

고도가 점점 낮아지자 설경 또한 사라지더니 군데군데 헤지고 물이 빠진 군용담요 같은 황록색 풀이 나타난다.

이제 계곡에서 잠자던 체르마트도 깨어났다.

빛을 받지 못한 집들은 사각형의 바위나 나무토막처럼 보이지만, 계곡 서편 언덕에서 햇살을 받은 집들은 작은 부분까지 그 모습을 선명하게 드러내며 반짝인다.

짐을 찾아 둘러매고 역을 나서는데 덩치는 작은 송아지만 하고 머리는 농구공만 한 세인트버나드 Saint Bernard가 혀를 날름거리며 내가 현실 세계로 무사히 돌아왔음을 환영한다.

이 구조견은 서너 마리가 무리지어 다니며 실종된 사람을 찾는다. 조난자를 찾으면 자신의 몸으로 조난자의 몸을 감싸서 체온을 유지시키면서 수색대의 구조를 기다린다.

조난자가 한 모금의 술로 체온을 유지하고 원기를 회복하라고 세인트버나드의 목에 술통을 달아 놓았다고 하는데 1820년 에드윈 랜지어 Edwin Landseer가 개의 목에 술통을 그려 넣은 탓에 와전된 이야기이다. 눈에서 길을 잃고 헤매다 저체온 상태에서 술을 마시는 건 자살행위와 다를 바 없다.

내려갈 때는 올라올 때처럼 좋은 자리를 차지하기 위해 허둥거리지 않는다. 마터호른을 보고 난 후여서 그런지 체르마트 계곡의 경치가 승객들의 눈에 양이 차지않는 모양이다. 모두 마터호른을 이야기하면서 간다. 하룻밤 사이에 아름다움의 기준이 마터호른이 되어 버렸나 보다.

낚시꾼이 놓친 물고기를 아쉬워하면서 놓친 물고기의 크기를 매일 키우는 것처럼 마터호른도 사람들이 회자하면서 점점 더 높아지고 날카로워질 것이다. 마터호른이 자유롭게 변화를 줄 때마다 사람들은 자신이 보았던 모습을 추억할 것이다. 사람들의 발길을 쉽게 허용하지 않는 마터호른을 보면서 사람들은 자신만의 꿈을 가꾸어 갈 것이다. 그렇게 마터호른은 사람들에게 제각각의 모습으로 추억이 되고 새로운 용기를 사람들에게 갖게 할 것이다.

Part 04

다름으로
더욱 풍성한
루가노

이탈리아

스위스 남부의 티치노Ticino 지방에 있는 루가노로 가려면 누펜넨Nufenen 패스를 지나던가, 세인트 고타드St Gotthard 패스를 넘어야 한다. 누펜넨 패스를 넘으면 단번에 티치노로 갈 수 있으나 세인트 고타드 패스를 넘으려면 먼저 푸르카 패스를 지나야 한다. 고타드 패스나 누펜넨 패스에 눈이 쌓여 있다면 오버발드Oberwald에서 기차를 이용해서 푸르카 터널을 지나고 릴프Realp에 도착하면 다시 세인트 고타드 패스를 넘어야 한다.

지금은 기상 상태를 알 수가 없으므로 오버발드에 도착해야 어떤 길로 갈 것인지 결정할 수 있다고 한다. 스위스 관광 시스템이 세계 제일이라 할지라도 자연의 힘 앞에선 반나절 앞의 일도 예측할 수 없는 모양이다.

체르마트 계곡을 내려와 비스프Visp에서 우회전해서 9번 도로를 탄다. 마을은 오래된 나무들처럼 거무칙칙하다. 지붕도 석회암 판 지붕이거나 거무스름한 타일로 덮여 있는 탓인지 우중충하다. 풀밭의 노란 야생 민들레가 그나마 봄기운을 느끼게 한다.

비스프 지역의 집들은 샬레의 원형을 유지하고 있다. 스위스 1인당 평균 소득은 7만 불 정도이지만 이곳 주민의 1인당 평균 소득은 3만 불을 넘지 않는다. 가끔 나타나는 마을 풍경도 을씨년스러운데 행인조차 보이지 않아 더 썰렁해 보인다.

레킹엔Reckingen을 지나자 비행장이다. 하얀 글라이더들이 비행을 준비하고 있고 활주로에는 여러 대의 소형 승용차가 모여 있어 상용商用비행장인 줄 알았는데 입구 방향이 제각각인 격납고가 여덟 개나 있는 것으로 보아 군용으로 전용할 수 있는 비행장이다. 지원 시설은 공습에 대비하여 이곳저곳에 흩어 놓았다. 이 비행장을 통과한 지 5분이 못 되어 또 비행장이 나타난다. 100킬로미터를 이동하면서 비행장 다섯 개를 지나쳤다.

푸르카 패스를 넘으려 했으나 아직도 눈이 녹지 않은 구간이 있어서 기차로 릴프Realp를 가기로 한다. 버스 기사가 차량 유도원의 지시에 따라 버스를 앞뒤로 두어 번 왔다 갔다 하더니 화차 위에 버스를 올려놓는다.

기차가 푸르카 터널로 들어간다. 터널에는 조명이 없다. 시동이 꺼진 버스는 실내조명등도 히터도 켤 수 없어 답답하고 춥다. 옆 사람도 보이지 않는 암흑 속에서 기차는 20분 정도 달린다.

01
준비하는 사람만
준비한 것을 즐긴다

우리^{Uri} 주, 릴프 역에는 우리가 온 오버발드로 가려는 오토바이와 자가용 그리고 관광버스가 뒤섞여서 늘어서 있다. 그 옆으로 4미터쯤 되는 돌담이 산기슭까지 이어지는데 담의 돌은 콘크리트로 바뀌고 높이는 7미터 이상 높아진다. 여러 개의 비행장과 견고한 지원 시설을 보면서 완벽한 전쟁 준비에 감탄했는데 이런 대전차 방어벽까지 보니 전시국가에 온 것 같다.

제2차 세계 대전 때, 스위스의 동서남북은 추축국에 의해 포위되었었다. 히틀러는 오스트리아를 합병하고 프랑스를 점령했다. 이탈리아는 독일과 동맹을 한 상태였다.

히틀러는 스위스를 점령하겠다고 위협했으나 스위스는 굴복하지 않았다. 앙리 귀상$^{Henri\ Guisan}$ 장군은 전시동원령을 내려 3일 만에 40만 명의 병력을 소집해서 전시체제로 들어갔다. 오히려 스위스를 침공하면 스위스 내의 주요 터널과 고개를 폭파해 버리겠다고 독일을 협박했다. 이런 어처구니없는 공갈에 독일은 스위스를 내버려두었다. 사실 독일은 이탈리아와 교류할 수 있는 교통로가 필요했으므로 터널과 고개가 없는 스위스는 쓸모없는 땅일 뿐이었다.

그런데 이 정도에서 끝낸 게 아니다. 스위스는 작전 중 방향을 잃고 스위스 영공을 침범한 전투기를 국적 불문하고 모두 격추했는데 격추된 전투기 중에는 독일 공군기도 있었다. 이때 스위스 공군이 사용한 전투기는 당대 최고인 독일제 BF-109 메서슈미트Messerschmitt여서 히틀러가 격분했었다.

스위스는 국민 모두에게 병역의무를 지우는 개병주의皆兵主義를 채택하고 있다. 평소에는 생업에 종사하면서 지내다가 전시에는 동원 소집을 한다. 여성도 자원하면 복무가 가능하다.

군 복무는 20세에 18주에서 21주에 걸쳐 신병 교육을 받아야 한다. 그리고 26세까지 총 114일을 의무복무를 하고 나면 4년 동안 예비군에 편입된다. 예비군은 1년에 3주간 군사훈련을 받아야 하고 소총과 실탄은 집에 보관한다.(2009년 총기 사고 후 실탄은 보관하지 않는다.)

1960년대부터 집집이 방공호를 짓도록 법제화하여 2007년에는 외국인을 포함한 전 국민이 들어갈 총 227만여 개의 방공호를 정비했다. 스위스인이 평소에 즐겨 먹는 치즈, 빵, 감자는 장기간 보관이 가능한 비상식량이고 치즈는 묵으면 묵을수록 고급스러운 음식이다. 빵은 오래 되어 말라 비틀어지면 크루통Crouton으로 변신을 할 수 있다. 게다가 퐁듀는 치즈에 포도주를 넣고 끓인 '치즈탕'에 딱딱해진 빵을 찍어 먹는 음식이니 전투 식량으로 언제든 대체할 수 있다.

체력 단련은 국민 스스로 한다. 겨울에는 스키, 여름에는 사이클을 즐겨 탄다. 패러글라이딩도 유행하는 스포츠다. 전 국민이 특전사 훈련을 받는 것과 다름이 없다. 그것도 연방에서 시켜서 하는 것이 아니라 국민이 스스로 돈을 내면서 즐긴다. 이쯤 되면 스위스 국민은 민간인으로 위장한 군인이다. 그뿐만 아니라 원만한 의사소통을 위해 군에 입대하면 근무지는 이종異種언어권으로 배치해서 장기적으로 언어 소통을 원활하게 한다.

스위스는 지금도 EU가 아니다. 가입해 봐야 과도한 복지 지출로 부도난 국가의 국민을 구제해야 하니 가입할 생각이 눈곱만치도 없는 모양이다. 하긴 화장실에서도 돈을 받고 외국인 관광객을 유치해서 어렵사리 번 돈이니 쉽게 지출할 수가 없었을 것이다. 어렵게 번 돈을 정승같이 쓰는 것이 아니라 저축한다. 눈에 보이는 비행장, 대전차 방벽만 견고히 한 게 아니라 돈 들어오는 문은 열고 빠져나가는 문은 막아서 금융 방벽도 견고하게 했다.

스위스 국민은, 평화는 공짜가 아니며 중립은 전략이나 균형으로 지켜내는 것이 아니라 돈과 총칼로만 지킬 수 있다는 것을 알고 있다. "당신은 전쟁에 관심이 없으나 전쟁이 당신에게 관심이 있다"고 한 트로츠키의 말을 실감하고 있는 듯하다.

돌담 너머 양철지붕이 검붉게 녹이 슬고 있다. 세 개의 창문 중

하나는 나무로 막혀 있고 두 개는 빗물과 눈 녹은 물에 불어서 아래쪽이 허옇게 탈색되었다. 외벽은 시멘트 모르타르^{Mortar}다. 블록으로 지은 창고의 지붕은 녹슨 양철이다. 뒤에 있는 집도 다른 지방에 비하면 초라하다. 가난은 나라님도 구제 못한다는 말은 세계 어디를 가나 통용되는 말인가 보다.

대머리의 중년 남자가 혼자서 쇠스랑으로 작은 텃밭을 일군다. 사람을 보기가 귀한 마을이다. 일본이나 독일의 공장지대처럼 마을에 사람이 보이지 않는다.

이곳 주민은 도대체 어디서 무엇을 하기에 볼 수 없을까.

02
바람도 물도 나무와 산도
사람이 만든 길로 흐르고

완만한 경사면을 눈썰매처럼 내려가던 버스가 속도를 줄이더니 회전교차로에서 우회전 해서 고타드 패스로 들어간다.

높은 산 사이에 있는 골짜기라서 그런지 산에는 나무가 없다. 길가에는 이끼류가 낡은 군용담요처럼 깔렸다. 그 위로 검은 암석과 눈이 군데군데 덮여 있다. 크고 작은 돌들과 짙은 회색의 흙이 산 정상을 지킨다.

이 황량한 산정에도 댐이 있다. 스위스인은 물만 보이면 댐과 보를 만드는가 보다.

스위스에 내린 비나 눈은 죽을 고생을 해야 국경을 빠져나갈 수 있다. 산 정상에서는 댐에 갇혀 추위에 떨어야 하고, 강의 상류나 중류에서는 보에 갇혀 발전기를 돌려야 한다. 숨을 고르려고 들어간 호수에서는 유람선 스크루에 휘둘리거나 관광객의 눈을 즐겁게 해야 한다. 스위스는 흐르는 물도, 여행자도 철저하게 관리한다. 그래서 여행객의 진을 빼는 것이 아니라 여행자가 기꺼이 전(錢)을 쓰게 한다.

체르마트에서는 자동차 배기가스가 없다. 하지만 체르마트의 공기를 깨끗하게 만들기 위한 시설은 이 산골에 있다. 댐과 송전탑 근처에 사는 사람에게 이런 시설물은 공해이다. 전기는 오염의 발생 지점만 도시에서 시골로 옮겨 놓았을 뿐이다. 이러한 시설은 자연의 아름다운 풍경을 해치는 주범이며 동물과 곤충에게는 천적이기도 하다.

고속 회전하는 터빈Turbine에서는 고주파 음이 나온다. 사람은 듣지 못하지만 새나 곤충은 그 소리를 듣는다. 블레이드Blade가 돌면서 내는 저주파 음은 상당히 먼 곳까지 퍼진다. 덴마크 바다에 있는 풍력 터빈 소리는 고래에게는 지속적인 소음원이다.

이런 시설물을 청정에너지라고 하는 것은 이 기술에 대해서 무지하거나, 이 기술로 돈을 벌거나 권력을 확장할 수 있는 사람들의 주장일 뿐이다.

사람에게 해가 없다는 풍력 터빈이 비행장 근처에 설치되자 항공관제 레이더의 전파가 풍력 발전기의 블레이드에 반사되어 혼란을 일으켰다. 이것을 해결하려고 비싼 스텔스^{Stealth} 도료를 칠해야 했다. 바람은 공짜이지만 터빈 보수, 블레이드 관리는 공짜가 아니다. 자연이 만든 것은 시간이 지나면 자연으로 돌아가지만, 인간이 만든 것은 자연에 해로운 무엇인가를 꼭 남긴다.

사람들이 도시를 만든 순간부터 우리는 지구에 죄를 지으면서 살 수밖에 없다. 죄를 짓지 않으려면 인간의 개체 수를 확 줄여야 가능하다. 어떤 사람은 과학이 더 발전하면 해결할 수 있다고 한다. 그러나 사람이 만든 것은 한 가지 문제를 해결하면 또 다른 문제를 일으킨다.

2,106미터의 고타드 패스 정상을 넘자 절벽 근처에 전망대가 있어서 쉬어갈겸 차를 세운다.

전망대 난간 가까이 가는데도 계곡은 보이지 않고 맞은편의 산만 보인다. 관망대 난간에서 아래를 내려다보는 순간 깜짝 놀라 몸이 저절로 뒤로 물러선다. 관망대가 절벽의 돌출된 부분에서 허공으로 일부 나와 있다. 그랜드캐년에 허공으로 돌출된 유리다리$^{Sky Walk}$에 서 있는 기분이다.

앞산의 경사면은 거의 수직에 가깝다.

평지에서 시작되는 산의 언저리는 당구대의 카펫 같은 밝은 녹색의 풀이 자라고, 그 위로 어두운 녹색의 전나무 숲이 펼쳐진다. 연이어 수목한계선이 낡은 군용담요처럼 펼쳐지고 거무스름한 회색의 암석들이 드러난다. 정상 근처의 암석 위에는 하얀 눈이 덮여 있다. 관망대 맞은편의 산은 알프스의 산이 고도에 따라 어떤 색으로 구성되는지를 한눈에 보여주는 알프스의 표준 색상표이다.

해가 뜨거나 질 때, 하늘의 높은 곳이 화려했다면 한낮에 보는 지표면은 아래로 갈수록 화려하다. 그 때문일까. 땅에 발을 딛고 사는 사람은 낮은 곳에서 더 아름다운 것 같다.

루가노로 가는 길은 관망대 아래의 절벽을 복잡하게 휘감고 있다. 2천 년 전에 만들어진 옛길과 현대에 만들어진 큰 길이 교차하여 마치 큰 뱀 한 마리와 주변에 작은 뱀들이 엉켜 있는 것처럼 보인다. 골짜기 사이로 아이롤로^{Airolo} 마을과 고타드 터널을 통과하기 위한 차량이 길게 늘어서 있다. 누펜넨^{Nufenen} 패스는 고개 하나 넘으면 되는 것이 아니라 산 정상에 오르고 나서도 골짜기를 한참 달려야 할 정도로 길고 험하다.

7천만 년 전 아프리카 판의 언저리에 있는 아드리아틱 플레이트$^{Adriatic\ Plate}$가 유라시아 판을 들이받았다. 충돌 후에도 아프리카 판은 유라시아 판을 계속 밀어 지표가 솟아올라 알프스 산맥이 되었

다. 빙하기에는 수천 미터의 빙하가 알프스를 덮었다. 끊임없이 흐르는 얼음의 강은 엄청난 무게로 지표를 밀고 내려가 거대한 골짜기를 만들었다. 빙하기가 끝난 후에는 비와 바람이 알프스 산맥의 계곡을 쓸고 지나가 험한 알프스를 더 험하게 만들었다.

카르타고의 장군 한니발이 알프스를 넘었고, 로마의 장군 율리우스 카이사르가 알프스를 넘었으며 프랑스의 나폴레옹도 알프스를 넘었다.

고타드 패스는 자연과 인간 모두에게 고통스런 역사의 현장이다. 그러나 눈앞에 펼쳐진 풍경은 지난 역사의 고통을 모두 덮어버렸는지 아무런 말도 하지 않는다.

버스는 기사의 핸들에 맞추어 춤을 춘다. 예닐곱 번 몸을 흔들고 나서야 버스가 평지로 내려간다. 아이롤로 근처의 주택은 디자인이 연하고 부드러워진다. 짙은 회색에서 빛 바랜 붉은색 지붕으로 바뀐다. 이곳은 스위스 속의 이탈리아다.

A2 고속도로를 타고 버스가 루가노로 달린다. 계곡이 넓어지더니 밭들과 공장이 자주 나타난다. 너른 들을 지나 산의 우측사면을 타고 올라가자 오른편 아래로 마지오레Maggiore 호수가 있다. 이 호수는 대부분이 이탈리아에 속하고 동북쪽 일부만 스위스 영토다. 호숫가 맞은편에 있는 도시는 국제영화제로 유명한 로카르노다.

스위스 영화 협회에 의해 1946년부터 시작된 이 영화제는 두 편 이내의 영화를 제작한 신인감독의 등용문이다. 최근에는 기성 감독의 참가도 허락한다. 우연한 일치인지는 모르겠으나 프랑스의 칸과 이태리의 베니스 영화제도 물가에 있다.

멜리데Melide에서 고속도로를 빠져나와 루가노 호숫가를, 수직에 가까운 절벽을 파서 만든 길을 달려간다. 너른 호수의 물이 바람과 햇살을 타고 밀려오는 듯하다.

스위스와 이탈리아의 국경선은 고무줄이다. 티치노 지방의 마을 대부분이 스위스 연방에 속하기를 원해서 스위스가 되었지만, 호수 맞은편 캄피오네Campione 는 이탈리아를 택해서 스위스 영토에 있는 이탈리아 마을이다.

1861년 이탈리아가 건국했을 때 스위스와 이탈리아는 국경설정조약을 체결했는데 알프스 지역에서는 빙하가 있는 곳까지를 스위스 영토로 결정했다. 그런데 빙하가 녹으면서 산 아래로 100미터쯤 더 떠내려오자 국경을 조정해야 했다. 1970년에 국경선을 한 차례 조정했고 2009년에도 국경선을 변경하는 법안을 제출했다.

1991년 이탈리아와 오스트리아 국경 근처에서 약 5천 년 전의 사람 주검을 찾았는데 냉동 미이라였다. 발견된 지점이 오스트리아의 외츠Oetz 계곡이어서 오스트리아 인스부르크 대학 병원으로 옮겨졌으나 나중에 정밀한 위치를 측정한 결과 이탈리아 영토로 밝혀져 이탈리아의 볼자노Bolzano 시 박물관에 옮겨져 있다. 빙하가 만든 타임캡슐에서는 어떤 보물이 나올지 알 수 없기에 가볍게 볼 수만은 없다.

03
나폴리 요리사는
단순함으로 미각을 사로잡는다

　나폴리 요리는 프랑스 요리처럼 세련되지는 않으나, 지중해의 신선함이 무엇인지 알려준 음식이다. 담백하면서도 걸쭉했고 짭조름하면서도 달콤했다. 콤콤하면서도 은은했던 그 여운은 나폴리 출장을 마친 이후에도 잊히지가 않았다.
　신선한 해산물에 갓 수확한 토마토, 잘 숙성된 치즈, 지중해의 바닷바람을 품은 향기로운 올리브유의 숨은 정수가 나폴리 요리사의 자존감과 손재주에 이끌려서 서로 조화를 이룬 요리였다.
　나폴리에서 음식을 맛본 것은 나에게 축복인 동시에 저주였다. 이탈리아가 아닌 다른 나라에서 이탈리아 요리를 접하면 '이게 정말 이탈리아 음식 맞을까?'라는 의구심을 갖게 되었기 때문이다. 그만큼 나폴리의 음식은 나에게 강한 인상을 남겨 놓았다.

나폴리의 지인이 "나폴리 음식과 이탈리아 음식은 다르다."라는 주장에 내가 동의할 정도로 이탈리아와 나폴리 음식의 맛은 차이가 많았다.

나폴리를 떠난 후 세계 어디를 가든 나폴리에서 맛 본 그 음식 맛을 기대할 수가 없게 되었다. 심지어 이탈리아 북부 지방의 음식 맛조차 살려내는 음식점이 드물었다.

까르보나라Carbonara는 원래 달걀 노른자와 페코리노 로마노pecorino romano나 파르미지아노 레지아노Parmigiano-Reggiano 치즈로 소스가 만들어져야 하는데 크림이나 우유를 졸여서 소스를 만드는 곳도 있다. 외국에 있는 한국 음식점에서 된장이 비싸고 구하기 어렵다고 일본 된장을 쓰는 것과 마찬가지다. 문제는 이런 엉터리 까르보나라에 길든 사람이 오리지널 까르보나라를 먹으면서 "맛이 왜 이래? 느끼하고 짜잖아!"라고 불평을 해서 음식점의 요리 방식을 이상하게 바꾸어 놓는다. 정통 이탈리아식으로 조리를 하지 않으면서 '정통 이탈리아 레스토랑'이라고 선전하며 이탈리아 음식을 판매하는 것은 손님을 속이는 것과 다름없다.

까르보나라는 재료 구매 단가 때문에 그렇다 하더라도 피자는 문화유산 파괴에 가깝다. 나폴리의 피자는 우리의 빈대떡만큼이나 간단한 음식이다.

밀가루, 물소 젖으로 만든 모차렐라 치즈Mozzarella di bufala, 토마토 소스, 바질Basil, 엑스트라 버진 올리브유Extra Virgin Olive Oil 재료만 있으면 맛있는 피자를 만들 수 있다. 그런데 피자가 미국으로 건너가더니 물소 젖이 아니라 소 젖으로 만든 모차렐라 치즈에 여러 가지 토핑을 잔뜩 얹어서 바질은 빠지고 올리브 오일은 뿌리지도 않는 음식으로 바뀌었다. 우리나라에서는 고급스러운 불고기 피자나 새우 피자를 만드는가 하면 고구마 피자까지 만든다.

이러한 피자는 재료의 신선한 맛을 즐기기 위한 소박한 음식이 아니다. 모양과 가격을 보면 레스토랑의 고급 요리이고 동서양의 재료가 동시에 올라간다는 점에서는 정체불명의 요리다. 외국에서 영업하는 한식집이 녹두전의 맛이 심심해서 햄과 소시지를 올려넣고는 녹두전이라고 파는 셈이다. 이 정도로 음식의 재료와 요리방법이 달라지면 짜장면처럼 이름을 새로 지어야 한다.

짜장면의 기원은 중국의 작장면炸醬麵이지만 우리는 짜장면을 작장면이라고 우기지 않는다. 미국에서 새롭게 태어난 피자는 피자Pizza가 아니라 [Pijja]라고 불러야 한다. 피자의 원형이 훼손되는 것을 참기 어려웠던지 나폴리의 피자집 주인들은 1984년에 나폴리 피자 규정을 만들었다.

루가노 호수는 알프스 산맥 북쪽의 호수들과 달리 물 색깔이 밝고 따뜻하다. 절벽 끝에 있는 하얀 반원형 식당은 호수 위에 떠 있는 느낌이다. 빳빳하게 풀 먹인 하얀 식탁보 위에 가지런히 정리된 포크와 나이프는 햇빛을 받아 반짝이고 은은히 코를 간질이는 콤콤한 모차렐라 치즈 냄새는 입안에 침을 고이게 한다.

스파게티를 주문하니 이탈리아 음식점답지 않게 순식간에 빵바구니를 내놓는다. 맛은 이태리식이고 서빙은 스위스식인가 보다. 웨이터가 콧노래를 흥얼거린다.

베네치아 뱃사람은 자신이 오페라 가수인 줄 알고, 나폴리 사람은 자신이 마피아와 조금이라도 관계가 있는 것처럼 말한다. 토리노나 밀라노 사람은 '남쪽 사람은 게으르다'며 자신은 이탈리아 사람이 아닌 것처럼 행동한다. 하지만 내가 보기에 그들은 다 똑같은 이탈리아 사람이었다. 어떤 지방인지를 구분할 것 없이 모든 사람에게 열정이 많았다.

웨이터와 눈이 마주쳤다.

일본 사람이냐고 묻기에 한국 사람이라고 했더니 오른팔을 하늘로 쭉 뻗더니 손을 편다. 이 친군 아직도 2002년의 월드컵에서 이탈리아의 패배를 기억하고 있다. 심판은 공정했다고 하니 그가 펄쩍 뛴다. 모레노^{Moreno} 심판의 판정이 정직하지 않았다고 생각하는 모양이다. 그동안 보아왔던 이탈리아 사람들의 다혈질로 보아서 이 판정에 대한 불편한 기억은 축구가 없어지기 전까지 계속 될 것 같다.

나폴리 피자의 대표선수인 마르게리따^{Margherita} 피자가 나왔다.

음식점이 사용하는 재료의 수준, 요리사의 도우^{Dough} 만드는 기술과 불 다루는 기술을 알 수 있는 기본적인 피자다. 토핑이라곤 치즈와 토마토소스, 올리브유, 바질밖에 없어서 좋은 재료를 사용하지 않으면 맛이 있으려야 있을 수가 없는 피자다.

메밀국수는 순수하게 메밀로 만든 국수를 삶아서 가볍게 양념만 해서 내놓는다. 양념으로 도배해 버리면 은은한 메밀 향을 덮어 버리기 때문이다. 어느 나라의 음식이든 고명 도배나 양념 떡칠을 해서 먹는 음식은 고급일 수가 없다. 피자 토핑도 일종의 양념 떡칠이다. 저질의 밀가루, 통조림 토마토 반죽, 싸구려 모차렐라 치즈를 감추기 위한 화장이고 매출을 늘리기 위해 제품의 종류를 늘리려는 피자회사의 마케팅 전략일 뿐이다.

1940년대 후반부터 오디오 매니아들은 하이파이^{Hifi}라는 용어를 사용했다. 오디오 부품의 품질과 설계 기술이 지금 같지 않은 시절이라 잡음이나 신호 왜곡을 줄여 원음에 가까운 소리를 재생하는 기기를 일컫는 말이다.

하이엔드$^{High-end}$ 오디오라는 용어가 1962년에 등장한다. 스테레오파일^{Stereophile}을 창간한 고든 홀트$^{Gordon\ Holt}$가 하이파이라는 말 대신에 사용했다. 일본의 회사가 하이파이 철학에 맞지 않는 오디오 제품을 하이파이라는 이름으로 판매하면서 하이파이에 대한 신뢰가 떨어져서 그랬을 것이다.

원음을 왜곡하지 않고 재생한다는 관점에서 하이파이나 하이엔드 두 단어의 뜻은 같다. 오디오 컨설턴트인 로버트 할리$^{Robert\ Harley}$는 하이엔드 정신을 잘 나타내는 오디오는 진공관 앰프^{Tube}

Amplifier라고 했다. 진공관 앰프는 다른 앰프들과는 달리 전원 스위치, 볼륨 노브Knob와 음원선택 셀렉터Selector밖에 없어 앰프는 본연의 임무인 전기 신호를 증폭하는 일만 한다. 더 간단할 수가 없기에 'End'를 붙인 것이다.

제품의 구성이 너무 단순하다 보니 원음을 충실히 재생하려면 비싸도 좋은 부품을 쓸 수밖에 없고 설계자도 될 수 있으면 단순하게 회로를 설계한다.

마르게리따 피자도 하이엔드 제품이다. 들어가는 재료가 몇 없으니 최고급 재료와 그 재료가 가진 맛을 충분히 끌어낼만한 솜씨 있는 요리사가 아니면 피자의 맛을 제대로 살려낼 수 없다.

콤콤한 피자의 냄새는 아련했던 나폴리 식도락 여행의 기억을 불러낸다.

여행 내내 탄수화물을 자제하는 편이었으나 오늘은 예외로 둔다. 스파게티의 면은 알덴테Al Dente가 아니라 푹 익은 칼국수 면으로 나왔다. 그럼에도 맛은 역시 좋았다. 디저트는 티라미수Tiramisu를 골랐는데 이탈리아 음식점답게 투박한 스타일로 나왔다. 코코아 파우더 향, 바닐라 향, 마스카포네Mascarpone 치즈 향이 진한 냄새를 풍기는데 갓 만들었는지 촉촉하고 부드러운 크림이 혀에 착 감겨 단맛의 여운이 오래 남는다.

04
헤르만 헤세와
허르만 허세가 있는 몬타뇰라

　브로치^{Brocchi} 광장에서 헤르만 헤세 박물관은 100미터 정도 떨어진 언덕에 있다. 1919년부터 1962년까지 이곳 카사 카무치$^{Casa\ Camuzzi}$에서 헤르만 헤세는 살다가 죽었다.

　박물관의 1층은 가뜩이나 좁은 공간에 접견용 책상까지 놓여 있다. 마루를 건너 복도에 서면 앞뜰과 2층으로 올라가는 계단이다. 앞뜰과 마주해서 노란 이층집이 있고 좌우로는 삼층집이 시야를 가린다. 아마도 헤르만 헤세가 살던 당시에는 헤세를 답답하게 했을 교도소 담장 같은 저 집들은 없었을 것이다.

　어깨가 벽에 닿을 정도로 좁은 계단을 올라가면 그의 서재다.

　바닥은 닳고 닳은 나무 마루에 벽은 진노랑색이다. 벽에는 그림이 걸려 있다. 그는 사람을 그리지 않았지만 〈정원에 물을 주는 남자〉에는 사람이 등장한다. 그는 산·집·강·나무·하늘·구름을 주로 그렸다. 고갱의 그림처럼 강렬한 이미지를 나타내는 그림이 있는가 하면 감정을 편안하게 하는 파스텔 톤의 그림도 있다. 시기별로 그림이 어떻게 변했는지는 모르겠으나 색감이 변한 것으로 보아 이곳에서 그가 살면서 세상을 바라보는 시선에 변화가 있었던 것 같다.

그 아래 유리 진열장에는 그가 사용했던 안경·안경집·종이찍개·타자기·잉크·만년필·서진書鎭 등 그가 집필하면서 사용한 잡동사니를 전시한다.

사람의 발길이 이곳까지 미치지 않는지 박물관은 썰렁하다.

축대를 따라 헤르만 헤세의 묘지를 찾아간다.

몬타뇰라 언덕 아래 루가노 호수가 있고 그 사이에 검은색, 밤색, 검붉은 색 지붕의 집들이 나무를 끼고 자리한다. 호수 맞은편 산에는 치즈 색, 붉은색, 모래색의 집들이다. 왼편에는 루가노 호수와 호수를 둘러싼 산과 계곡이다. 헤세는 이곳에서 산책하면서 사색을 했을 것이다.

마을의 골목을 이리 돌고 저리 돌며 내려간다.

이곳에 사는 사람의 피는 이탈리아이지만 규정은 스위스를 따르나 보다. 음식은 맛이 좋고 마을은 청결하다. 1킬로미터쯤 걸어가야 헤르만 헤세가 잠든 공동묘지가 있다. 공동묘지 건너편에는 아이스크림콘처럼 단장된 커다란 사이프러스가 아본디오Abbondio 교회로 사람의 발길을 인도한다.

유명인의 무덤을 찾아가는 이유는 무엇일까?

유명인의 기념물이나 동상 혹은 무덤을 보자고 가는 것은 아닐 것이다. 예술가를 찾아가는 것은 남겨진 예술품에서 느끼지 못한 작가가 살았던 삶의 흔적을 되짚어보면서 작기의 영혼과 정신을

이해하고자 함일 것이다.

　스웨덴 영화감독인 잉마르 베르만(Ingmar Bergman)은 말년에 포러(Porer)섬에서 은거하다가 조용히 묻혔다. 그 섬사람들은 그의 은둔 생활을 존중해서 여행객에게 묘지의 위치조차 가르쳐 주지 않았다.

　모차르트는 말년을 비참하게 살다가 죽었는데 마을 사람들조차 묘가 어디 있는지 몰랐다. 그러나 그 동네 사람들은 모차르트의 가묘를 만들었다. 그뿐만 아니라 동상과 초콜릿으로 부활시켰다. 예술가의 묘지와 묘비는 죽은 자의 것이 아니라 산 사람의 것이 된 것이다. 화려하거나 거대한 무덤은 후인들이 사자(死者)를 이용해서 산 자들에게 무엇인가를 얻으려고 하는 기만행위이다. 남은 자의 미련이요 집요한 욕망일 뿐이다.

　잠깐 걸었을 뿐인데 땀이 났다. 무덤을 찾아 가는 것이 싫어서 버스정류장 간이의자에 앉는다. 바람이 땀을 식힌다. 헤르만 헤세도 산책을 하다가 이 어디쯤에서 잠시 햇살을 피해 이탈리아 실크처럼 부드러운 바람에 몸을 맡겼을 지도 모르겠다.

　일행들은 예상보다 늦게 돌아왔다.

　헤르만 헤세의 묘를 찾지 못해서 공동묘지를 헤매고 다녔다 한다. 크고 근사한 묘비를 금방 찾았는데 그것은 '허르만'의 묘비였고 진짜 헤르만 헤세의 묘비는 한쪽 구석, 잘 보이지 않는 곳에 있었다고 한다.

산 로렌조$^{San\ Lorenzo}$ 성당으로 간다는데 가고 싶지 않다. 가봐야 건축에 대한 지식이 없는 내 눈에 성당은 그저 화려한 돌덩이와 장식물일 뿐이다. 그보다도 언덕 꼭대기에 있는 성당에 올라가기가 싫다. 그냥 호숫가 근처의 분위기 좋은 카페에서 포도주를 마시며 휴식을 취하고 싶다. 그런데 언덕길이 계단이다. 반 뼘 정도의 턱에 3미터 정도의 길이로 가파르지 않은 평지다.

애써 올라간 성당은 또 공사 중이다.

여행객들과 부대끼는 게 싫어 성수기보다 조금 일찍 왔더니 일정이 자꾸 어그러진다. 행동이 재빠르다고 항상 좋은 것은 아닌가 보다. 먼저 맞는 매가 더 아프듯 부지런한 삶도 그 나름의 위험을 감수해야 한다. 원하는 것을 이루기 위해 열심히 하는 것도 필요하지만, 무엇인가를 이루기 위해선 '때'를 맞추어야 한다.

올라올 때는 다섯 걸음 걷고 한 계단 올라왔지만 내려갈 때는 네 걸음 걷고 한 계단 내려간다.

이젠 자유 시간이다. 치오까로^{Cioccaro} 광장 주변에서 쇼핑을 하던 관광을 하던 마음대로다. 명품에 관심에 많았던 시절에야 비아 나사$^{Via\ Nassa}$나 멘드리시오^{Mendrisio}의 거리에서 명품 쇼핑을 즐겼겠지만, 이젠 갈 생각이 없다. 그 동안 사 모은 것도 다 쓰지 못할 것이다. 명품을 사용하면서 가질 즐거움보다 관리해야 하는 불편함을 감당하고 싶지가 않다.

노천카페의 소파에 기대어 앉아있으니까 갑자기 피곤함이 몰려온다. 신발을 벗자 뜨거웠던 발에 피가 돌고 허리가 풀린다. 팔걸이에 팔을 걸치자 어깨가 풀어진다. 많이 걷는 게 싫어서 나무늘보처럼 늘어지게 움직이며 여행하는 데도 피곤했던가 보다.

자유 시간을 즐기던 일행이 나를 발견하고 하나 둘 모여든다. 짐을 한 보따리 든 사람은 만족한 표정이고, 호숫가를 한 바퀴 돌아서 온 사람은 사지를 연신 주무른다. 호수를 바라보며 휴식을 취한 사람은 활기를 되찾았다. 자유 시간을 어떻게 썼느냐에 따라 사람들의 모습은 제각각이었다.

05
때를 맞춰야
요리도 맛이 좋다

이탈리아어를 쓰는 주인이 있는 음식점은 괜한 기대를 갖게 한다. 양배추, 토마토, 셀러리, 양파, 당근, 신선한 토마토와 갖은 계절 채소를 올리브유로 치익 치직 볶다가 치킨 브로스$^{Chicken\ Broth}$를 부어 주고 좋은 소금과 통후추를 뿌려 준 야채수프가 나왔다.

며칠 국물 있는 음식을 먹지 못한 탓인지 한 그릇 더 먹고 싶은 생각이 간절하다. 아주머니나 이모로 불러서 대답하는 사람에겐 국 한 그릇이야 편안하게 서비스를 받을 수 있겠지만, 이곳의 음식 문화는 빵만 리필이 가능하다.

메인 메뉴는 소고기 사태 살을 쪘는지^{Steam}, 삶았는지^{Boil} 부드럽고 담백하다. 한 점, 한 점 먹을 때마다 "으흠"하는 감탄사가 절로 나온다. 사태 살 위의 그레이비^{Gravy}는 고기의 뻑뻑함을 덜어주고 포도주 향은 소고기 냄새를 완벽하게 잡아 놓았다. 가벼운 스위스산 적포도주는 기름기가 많지 않은 소고기 요리와 잘 어울린다.

역시 믿을 만한 요리 솜씨다.

디저트는 달콤한 젤라또. 여행 첫날 탄수화물을 먹지 않겠다고 다짐했지만 이미 잊어버린 지 오래다. 여행 중에 맛난 음식을 즐길 수 있다는 것은 최고의 행운이다.

루가노 같은 휴양 도시에서 시내 중심가에 있는 시설 좋은 호텔은 숙박비가 금값이다. 조금 외곽으로 나가면 시설과 가격이 괜찮은 호텔이 많다.

언덕 위 호텔은 로비가 제일 꼭대기 층에 있고 아래쪽으로 객실이다. 방을 배정받고 받은 열쇠는 전자식이 아니라 동 덩어리다. 줄넘기 손잡이처럼 생겼는데 둥근 머리 끝에는 고무띠를 둘러 그것을 연상하게 한다. 나폴리에 갔을 때 받았던 호텔의 열쇠와 동일

한 디자인이다.

객실로 내려가는 엘리베이터는 좁다 못해 터질 지경이다. 로이 커바드 호텔의 엘리베이터가 고등어 통조림이었다면 이 호텔의 엘리베이터는 꽁치 통조림이다. 출발하면서 '덜커덩'하고 소리를 내더니 '쿵'하면서 도착을 한다. 복도는 산을 깎아 만든 축대를 마주 보고 있어서 어둡다. 작은 백열등이 누런 간유리 덮개에 씌어 있는데 너무 흐려서 없는 것보다 나은 정도다. 이마저도 방으로 걸어가는 도중에 불이 꺼진다.

절전등이다. 빌 브라이슨은 《발칙한 여행기》에서 프랑스 호텔의 절전등을 "엘리베이터에서 내리기 무섭게 뛰어야 한다."고 묘사했었다. 저 작은 등을 5초쯤 더 컨다고 해서 비용이 얼마나 더 나올지 모르겠지만, 불이 꺼지자 불편하다.

창밖의 루가노 호수에서 새벽 물안개가 푸르스름하게 일고 있다. 어제 저녁엔 샤워 후 침대에서 팔베개를 하고 TV를 보다 그대로 잠이 들었던가 보다.

"나는 여행할 때 여행 자체에 몰두한다. 그 체험으로 글을 쓰자는 생각이 전혀 들지 않을 정도로 몰두한다." 고 《사색기행》을 쓴 다치바나 다카시는 말했었다. 그는 여행 자체를 진짜 즐긴 진정한 여행가였던 것 같다.

어제 있었던 즐거움을 메모하고 나니 루가노의 물안개가 호수를 뿌옇게 덮고 있다. 아침 햇살이 물안개를 황금색으로 물들인다.

나는 단장을 하러 목욕탕으로 간다. 나에게 목욕탕은 얼굴이나 손을 씻는 장소 이상의 의미가 있는 공간이다. 언젠가부터 머리카락이 빠져 얼굴이 커졌기 때문에 머리카락이 빠지기 전의 모습을 재현하기 위해선 정교한 작업을 한다.

우선 머리 좌측의 머리카락만을 모아서 좌측 이마 위에 새로 생긴 얼굴을 덮는다. 그리고 빗으로 머리카락을 고정한 다음 뜨거운 열풍으로 말린다. 드라이어를 머리카락 가까이에서 사용하면 머리카락을 고정하기는 쉬울 수 있으나 가끔 가다 달걀 타는 냄새가 날 수 있으므로 조심해야 한다. 이렇게 머리 모양을 잡고 나서 헤어스프레이를 '치익' 하고 뿌려 머리카락을 고정한다. 바람의 세기에 따라 헤어스프레이 양을 예측해서 조절해야 한다. 습도가 높은 날에는 헤어스프레이를 뿌린 후 헤어드라이어로 또 말려야 한다.

이탈리아의 아침 식사는 간단하고 저녁 식사는 거창하다.

저녁은 식사 겸 사람들과 교제를 위한 자리이다. 나폴리 출장을 다니면서 본 이탈리아 사람은 8시경부터 시작해서 12시 정도까지 식사를 한다. 식사를 하다가도 지인은 아는 사람이 나타나면 나를 소개했는데 "얘는 내 친구야."라고 소개하는 사람은 지인의

개인적인 친구였고 "얘는 우리 친구야."라고 소개하는 사람은 우리 사업과 관련이 있는 친구라는 뜻이었다.
    소개를 받은 이탈리아 사람은 힘을 주어 악수를 하고 껴안으며 법석을 떨었다. 저녁마다 한밤중까지 이렇게 음식과 술을 들면서 시간을 가졌었다.

루가노 호수와 몬테비레 기슭에 있는 카스타뇰라

  호텔의 아침 식단은 파니니^{Panini}와 파네^{Pane}에 서너 종류의 잼과 과일, 살라미와 프로슈토, 삶은 달걀이 전부다. 스위스 영토 내에 있어도 음식 문화는 사용하는 언어권의 문화를 따르는가 보다.
  그런데 디저트가 놓인 테이블에 휴대용 가스레인지가 켜져 있고 은색 솥에서 김이 무럭무럭 솟는다. 그 옆 대바구니에 봉지라면 열댓 개가 담겨 있다. 한국 손님에 대한 호텔의 배려로 라면이 나온 것 같은데 뜨거운 물을 부어서 먹는 컵라면과 끓여 먹는 라면이 있다는 것을 모르는가 보다.

나는 넓적하고 깊이가 낮은 볼^{Bowl}에 라면을 넣고 수프를 그 위에 골고루 뿌렸다. 수프가 한쪽으로 몰리지 않도록 조심하면서 뜨거운 물을 부었다. 라면이 물 위에 떠오른다. 포크 두 개를 뒤집어 마주 보게 하고 라면 위에 놓은 다음 접시를 포크 위에 얹었다.

라면이 익기를 기다리다가 다시 진열대로 가보지만 역시 라면과 곁들여 먹을 만한 음식은 보이지 않았다. 프로슈또^{Prosciutto} 두 조각과 삶은 달걀 하나를 들고 온다. 삶은 계란을 반으로 나누고 프로슈또는 1센티미터 간격으로 자른다.

접시를 여니 수프는 면발 전체에 잘 붙어 있고 면발의 생김새는 끓인 것과 비슷하다. 포크로 면발을 골고루 휘저은 후 삶은 계란과 채 썬 프로슈또를 올려놓았더니 라면 포장지에 인쇄된 라면과 비슷하다. 면의 겉은 불고 속심은 질깃질깃하다. 국물은 끓인 라면의 맛보다 더 담백하다.

일행이 식당으로 들어오다가 내 라면을 보더니 전부 라면으로 몰려간다. 이 라면이 호텔 측의 고객을 위한 배려인지 원가를 줄이면서 고객 만족도를 높이는 마케팅 기술인지는 잘 모르겠다. 요식업이든 항공업이든 제조업이든 원가는 줄이면서 고객을 만족시키려는 기막힌 상품 기획과 디자인이 많아서 소비자들은 그 내막을 알 길이 없다.

　오랜만에 얼큰한 국물을 먹자 콧등에 땀이 흐른다. 역시 한국 사람은 카푸치노보다 뜨끈하고 얼큰한 국물을 먹어야 하는가 보다.

　언덕 위의 호텔은 호젓하고 탁 트여 루가노 호수와 시내가 한눈에 내려다보인다. 이곳에서 아무 생각 없이 머물렀으면 좋겠으나 오늘도 길을 떠나야 한다.

　하룻밤 머물기 위해 풀었던 짐을 다시 싼다. 짐을 다 싸고 방을 둘러보니 어제 점심 때 식당에서 가져온 피자가 남아있다. 한입 베어 무니 쫄깃한 느낌이 부드러운 육포 같다. 피자의 콤콤한 맛도, 짠 맛도, 토마토 맛도 느껴지지 않는다. 영혼이 없는 요리다. 다시 한입 물고 나니 숯불에 구운 돼지 껍데기가 차갑게 식은 느낌이다. 차가운 피자는 토핑으로 도배된 미국식 피자가 더 맛있다. 배달을 많이 해야 하는 미국식 피자에 토핑이 많았던 이유가 이것이었던가 보다. 요리란 '물과 불과 소금을 다루는 일'이라고 생각했었다. 그러나 시간이 지나 차갑게 식은 피자는 시간을 다루는 일이 얼마나 중요한지 실감하게 한다.

Part 05
나를
가꾼다는 것은

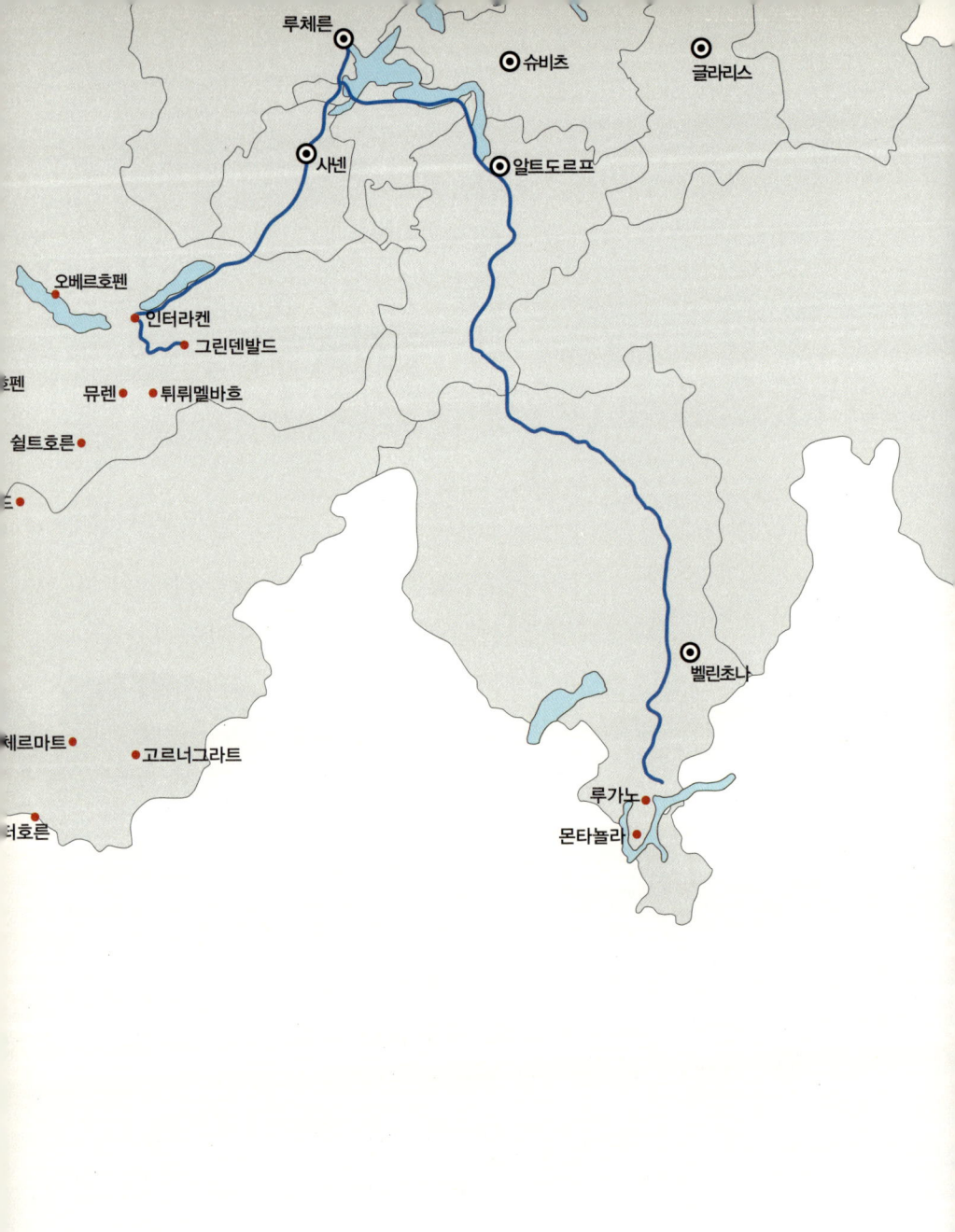

헤르만 헤세 박물관이 있었던 몬타뇰라 언덕보다 호텔에서 내려가는 길이 더 복잡하다. 이탈리아인의 자유분방한 생활처럼 길도 자유롭다. 길을 인도하던 내비게이션 화살표가 이리 저리 돌고 돌더니 방향을 잃어버렸다. 버스 기사는 용하게도 언덕을 몇 번 오가더니 A2 고속도로에 버스를 올린다.

우리Uri 주의 주도州都인 알트도르프Altdorf를 향해 달리자 저 멀리, 눈 덮인 산이 보인다. 고타드 터널이 가까워졌다. 터널에 점점 다가가도 어제와는 달리 터널 입구에서 진입 신호를 기다리는 차량의 행렬은 보이지 않는다. 온종일 차량이 정체되는 것이 아니라 차량 통행량이 시간대별로 다른 모양이다.

고타드 터널의 입구는 세 개다. 둘은 일반통행용이고 하나는 비상용이다. 17킬로미터나 되는 구간에서 사고가 나면 구조하기가 쉽지 않기 때문에 비상용 차선을 만들었다. 터널은 15분쯤 달려야 통과할 수 있다. 터널을 나오자 맞은편 차선에 차량이 길게 늘어 서 있다. 그런데 터널로 진입하는 차량은 몇 대 되지 않는다. 자유롭게 진입하도록 내버려 두면 터널에 정체가 생기고 그 상태에서 사고가 나면 대형 참사가 일어날 수 있어서 터널 내 진입 차량 대수를 통제한다.

1990년에 개통된 고타드 터널은 2001년 대형 화재가 있었다. 트럭 두 대가 충돌하면서 일어난 화재로 열한 명이 사망하고 팔십 명이 실종되었었다. 아픈 경험이 불편함을 조용히 감수하게 하는가 보다.

고타드 터널을 빠져나오자 계곡은 깊어지고 험해졌다. 여행 4일 만에 스위스 경치가 눈에 익어버려 어지간한 경치는 눈에 들어오지도 않는다. 아름다운 녹색의 천국이 어느새 일상이 되어 버렸다.

01
자신만의 이야기로

　우리 주는 스위스 독립의 발화점이다. 우리 주가 독립을 선언한 후, 슈비츠^{Schwyz} · 옵발덴^{Obwalden} · 니드발덴^{Nidwalden} 주가 1273년 동맹을 맺으면서 오늘날 스위스 연방의 출발점이 되었다.
　이곳은 루체른 호수와 접한 북쪽을 제외하고는 험준한 산으로 둘러싸여 주 전체가 천혜의 요새다. 산세 험한 곳에 영웅이 난다고 하더니 이 험한 땅에도 윌리엄 텔$^{William\ Tell}$이라는 영웅이 있었다.

　오스트리아의 지배를 받던 시절 우리 주에 헤르만 게슬러$^{Hermann\ Gessler}$라는 관리가 있었다. 그는 광장의 나무에 자신의 모자를 걸어놓고 주민이 지나갈 때마다 인사를 하도록 지시했다. 윌리엄 텔은 이 지시를 따르지 않아 체포되었다. 윌리엄 텔의 활 솜씨를 알고 있던 게슬러는 윌리엄 텔의 아들 머리에 사과를 올려놓고 화살로 맞추면 풀어 주겠다고 한다. 윌리엄 텔은 화살로 사과를 맞추었다.
　게슬러가 윌리엄 텔에게 물었다.
　"사과를 맞추지 못하면 너는 어떻게 할 생각이었는가?"
　윌리엄 텔이 대답했다.
　"화살이 사과를 맞히지 못했다면 두 번째 화살은 당신을 쏘았

Page 153

을 것이요."

 게슬러는 윌리엄 텔을 풀어 주지 않았다.

 윌리엄 텔을 이감하기 위해 배로 압송하던 중, 풍랑이 일어난 사이에 윌리엄 텔은 탈출했다. 그 후, 윌리엄 텔은 화살로 게슬러를 쏘아서 죽였다.

 알트도르프 주민은 이 이야기가 실화라고 믿겠지만 《상식의 오류사전》의 저자 발터 크래머 Walter Kramer 는 윌리엄 텔이 실존 인물이 아니라고 한다. 뿐만 아니라 전해져 오는 이야기도 조금씩 달라서 윌리엄 텔이 익사하는 버전이 있는가 하면 배에서 탈출하자마자 관리를 쏘았다는 버전도 있다. 그리고 버전마다 조금씩 차이는 있으나 머리 위에 사과를 올려놓고 맞추라는 명령은 북유럽 지역에 내려오는 많은 전설에서 공통적으로 나타난다.

 알트도르프 주민은 1898년 실러 Schiller 의 연극 〈윌리엄 텔〉을 주인공의 고향에서 개최했다. 그런데 이들은 전문 배우를 불러 연극을 한 것이 아니라 주민이 배역을 맡아서 연기 연습을 하고 1년에 걸쳐 무대를 꾸몄다.

 사과를 쏘아 맞춘 윌리엄 텔이 주는 감동보다 마을 주민이 자발적으로 연기 연습을 하고 무대를 꾸며 100년 이상 〈윌리엄 텔〉을 공연하고 잇는 모습이 나에겐 더 감동적이었다.

 길을 따라오던 개울물은 어느덧 강이 되었고 V자 협곡은 U자

협곡이 되어 점점 넓어지다가 평야가 되었다. 청록색 띠 모양의 루체른 호$^{Lake\ Lucern}$가 보이자 버스는 우회전해서 국도로 접어든다.

로이스^{Reuss} 강은 밝은 옥색에서 짙은 옥색으로 변했다.

알트도르프는 평지에서 급경사를 이루는 산기슭에 바짝 붙어 있다. 이 마을의 흙은 로이스 강 상류 골짜기에서 오랜 세월을 흘러왔을 것이다. 아주 오래 전의 알프스 산맥은 지금보다 훨씬 더 높았음이 분명하다. 이런 침식을 막기 위해 스위스 사람들은 경사면에 나무를 심고 언덕이나 평지에 초지를 조성해서 토사 유출을 막았을 것이다. 스위스 온 천지가 아름다운 것은 하늘로부터 내려 받은 천혜의 자원이 아니라 오랜 세월 동안 열악한 자연환경을 개선한 노력의 결실이다.

마을에 들어서자 왼편으로 광장이 있고, 그 가운데 30미터 높이의 기념탑과 윌리엄 텔 동상이 있다.

탑의 기단은 화강석이고 탑의 몸체는 치즈색, 진회색, 빛 바랜 붉은색과 주홍색의 돌을 쌓아 놓았다. 탑의 몸체 전면에 스위스 산맥과 마을을 그린 벽화가 붙어 있다. 탑 상단부에 종이 있을 것 같은 방이 있다. 이 탑 앞에 많은 시간이 흘러 왔음을 증명하듯 활을 둘러멘 윌리엄 텔과 윌리엄 텔의 아들이 가슴과 머리에 녹청색을 새기고 있다.

일행과 떨어져서 광장을 천천히 걷는다.

절벽 아래서 주민이 우르르 몰려나온다. 어디서 나왔는지 살펴

보았으나 건물은 보이지 않는다. 자세히 보니 절벽에 문이 있다. 산을 파서 만든 방공호에서 마을 행사가 있었던 모양이다. 비행장이나 방공호는 스위스 사람에겐 전쟁물자가 아니라 생활 편의시설인 모양이다.

    알트도르프를 뒤로 하고 루체른으로 향한다.

    루체른 호는 레만 호 보다는 폭이 좁아 맞은편의 산과 마을이 자세히 보인다. 짙은 회색 석회암의 산은 경사가 심해서 나무가 자라지 못한다. 산으로 이어지는 호안에는 하얀 벽의 집이 옹기종기 모여 있다. 산기슭으로 올라가자 호수는 투명한 파란색이었다가 위치에 따라서 조금씩 색을 달리한다. 산이 비치는 곳은 녹색이 배어나고 하늘이 비치는 곳은 회색이 묻어나며 멀리 보이는 곳은 은회색이 감돈다.

    버스가 호수로부터 멀어지자 평야 지대가 펼쳐지더니 또 비행장이 나타난다. 부오흐[Buochs] 공항이다. 꽤 큰 상용 비행장이 있는 것을 보니 루체른이 멀지 않은 모양이다.

    사라졌던 루체른 호가 또다시 나타난다. 알트도르프를 떠나면서 호수를 오른쪽으로 끼고 달리기 시작했는데 아직도 호수다.

    루체른에서는 유람선을 탄 후, 리기[Rigi] 산에 올라서 산책을 하기로 되어 있었다. 그런데 출발하기 전날 리기 산을 오르는 케이블카가 폭풍에 파손되어 아직도 수리 중이라 오후는 루체른을 구경하기로 한다.

올림픽 박물관, 산 로렌초 성당에 이어 또 공사 중이다.

무슨 일이든 그 일을 이루기 위해선 때가 맞아야 한다. 사람들은 그 '때'를 맞추기 위해 많은 노력을 기울인다. 그러나 그렇게 계획하고 진행하는 일은 종종 사람들의 예측을 비켜가는 경우가 더 많다.

지식은 아직도 미래에 일어날 다양한 변수나 세상의 섭리를 알아내지 못했다. 우리가 알고 있는 '때'란 존재하지 않는 허구일 수도 있다. 사람들이 확실하게 알 수 있는 때는 이미 지나간 때일 뿐이다. 실패하고 나서야 최적의 때가 언제였는지 깨닫는다. 지식 때문에 많은 사람이 삶에서 불행해지는 이유이며 성실하게 자신만의 길을 걸어간 사람이 행운을 만나는 이유이다.

02
물 위에선 싸우고
흘러가는 곳에선 방어하고

 히르셴그라벤Hirschengraben 거리를 따라가면 조그만 광장이 나오고 광장의 우측이 루체른 극장이다. 극장 앞에서 오른편에 있는 나무다리가 루체른의 상징인 카펠Kapell 교다. 다리 아래로 흐르는 로이스 강물은 고타드 터널부터 흘러와 루체른 호수를 거쳐 이곳에서 머물다가 바다로 긴 여행을 떠난다.

 카펠 교 아래 강물에서 백조와 오리가 무리지어 이리저리 헤엄치고 있다. 갑자기 백조와 오리가 부산하게 움직이더니 물이 튀고 오리의 하얀 깃털이 허공에서 날린다. 백조가 부리로 오리를 찍어 쫓아낸다. 항상 우아하기만 했던 순백의 백조가 여행자가 던져준 먹이를 독식하기 위해 오리를 사납게 공격한다. 시옹의 성곽 아래 바위틈에서 잠을 자던 백조가 궁색하고 처량했다면 이곳의 백조는 게걸스럽고 흉폭하다.

 1333년에 축조된 카펠 교는 유럽에서 가장 오래된 나무다리다. 강의 양안兩岸을 직선으로 잇는 것이 일반적인 교량 설치 방법인데 680년 전에 건설한 카펠 교는 북쪽과 남쪽 입구 근처에서 다리의 방향을 꺾어 놓았다.

남쪽 진입로 10여 미터는 빛 바랜 주황색 기와로 덮여 있는데 나머지 지붕의 기와는 주황색에 회색이 배어난다. 다리의 꺾인 모습과 지붕도 생소하지만 거무죽죽한 나무판자로 막아 놓은 난간은 더 낯설다.

이 난간은 호수 쪽에서 침입해 오는 적과 교전할 때 몸을 보호하기 위한 방벽이다. 지붕 아래 축조 당시의 생활상을 전하는 그림을 걸어놓았는데 남쪽 초입에 있는 몇 개의 그림만 옛 모습을 보여주고 나머지는 1993년에 발생한 원인 모를 화재 때문에 까맣게 그을리거나 타 버렸다.

호숫가는 5층 건물이 늘어서 있어 몽트뢰를 복사해 옮긴 것 같다. 유람선을 타자 큰 건물들은 사라지고 작은 빌라와 부티크 호텔, 아담한 별장이 나타난다. 벽은 모두 흰색이고 지붕은 회색이거나 빛 바랜 붉은색이다. 5월의 화사한 햇빛과 녹음을 배경으로 한 건물의 흰 벽이 눈이 부시도록 빛난다. 호수 바닥은 선명하다. 레만 호는 깊은 바다처럼 짙은 푸른색이었으나 루체른 호수는 맑은 청동색이다. 너무 맑아서 물속에 형광등이라도 켜 놓은 듯하다.

호수 가운데로 나가자 호수를 둘러싼 산 능선이 연이어 이어진다. 희고 붉은 지붕과 파란 호수가 조화를 이루어 루체른 호수를 더 아름답게 한다. 남쪽 수십 킬로미터에서 험상궂게 생긴 필라투스Pilatus 산이 루체른을 내려다본다.

Session **Five**　　**Page 162**　•　나를 가꾼다는 것은

　루체른의 사람들에게 필라투스는 금역의 땅이다. 전설의 땅이다. 중세 시대에는 용이 살고 있는 산이라고 사람의 출입을 금지했었고 예수를 처형한 로마의 총독 빌라도의 영혼이 아직도 필라투스에서 떠돌고 있다고 루체른 사람들은 믿는다. 전설과 금역은 사람의 상상력을 자극하고 꿈을 갖게 한다.

　그 때문인지 이 악명 높은 필라투스라는 이름을 이어받은 스위스의 항공기 제작사가 있다. 주로 소형 프로펠러기를 생산하는 회사인데 이 회사의 걸작인 PC-6이라는 비행기는 공룡의 날개같이 각진 날개와 등지느러미 같은 수직 꼬리 날개를 달아서 못생긴 시조새처럼 생겼다. 외양뿐만 아니라 단거리 이착륙STOL Short Take-off and Landing 기능까지 보유해서 성능도 진짜 새를 닮았다.

　따가운 햇볕을 피해 건물에 바싹 붙어 걷는다. 카펠 광장, 시청 앞 광장을 지나 뮤흘렌Muhlen 광장에 들어섰다. 카펠 교와 비슷한 다리가 광장을 끼고 있다. 슈프로이어Spreuer 교이다. 이 다리는 1408년 축조했는데 후에 폭풍으로 파괴되어 1568년에 재건했다. 지붕 아래 건축 당시의 풍습을 보여주는 삼각형의 그림이 걸려 있는데 모두 옛 모습을 유지하고 있어 당시의 생활상을 느낄 수 있다.

다리 양쪽은 높은 난간이다. 카펠 교는 호수 쪽에서 오는 적들과 교전을 하기 위해서 높은 난간을 만들었다고 하는데 호수에서 멀리 떨어져 있는 이 다리에도 난간이 있다.

루체른 전경을 보기 위해 무제크^{Musegg} 성으로 간다.

산꼭대기 능선을 따라 세워진 성벽은 홑겹이다. 과거에는 루체른을 보호했을 성벽은 도시화를 하면서 800미터 정도만 보존되어 있고 나머지는 유실되었다.

좁고 가파른 나무 계단을 10미터쯤 올라가니 망루다.

루체른은 맑은 하늘 아래 태고의 경치를 그대로 보전하고 있는 산과 호수를 배경 삼아 중세와 현대가 어울려 있다.

슈프로이어 교 100미터 하류에서부터 시작한 성벽은 산의 능선을 따라 동쪽으로 1킬로미터쯤 뻗어 나간 다음, 호프^{Hof} 교회를 안쪽에 넣고 돌아 카펠 교까지 이어졌을 것이다.

카펠 교는 북쪽의 성벽과 남쪽의 성벽을 잇는 강 위의 성벽이었다. 강북의 성벽과 강남의 성벽이 강과 수직으로 서로 마주 본 것이 아니라 비스듬히 거리가 떨어져 있다 보니 카펠 교는 두 번을 꺾어야만 했을 것이다. 카펠 교 남단에서 다시 시작한 성벽은 로이스 강 남쪽의 거주 구역을 감싼 다음에 슈프로이어 교를 통하여 다시 강북의 성벽과 연결을 했을 것이다.

카펠 교와 슈프로이어 교의 난간을 보면서도 그 용도를 알 수 없었으나 멀리 떨어져서 높은 곳에서 보니 의문이 풀렸다.

높은 곳에서는 눈에 보이는 일부의 사실만 가지고도 사라진 사실을 유추해서 과거의 모습을 그려 낼 수 있다. 하지만 누구나 다 그려 낼 수 있는 것은 아니다. 눈앞에 있는 넘치도록 많은 정보 중 연관이 있는 정보만 걸러낼 수 있는 안목이 있어야 하고 사라진 사실을 복원할 수 있는 상상력과 지식이 있는 사람만 가능할 것이다.

낡은 지붕과 구불구불한 길들이 이어지는 구시가지는 낭만적인데, 건물과 길의 선을 직선으로 그은 신시가지는 날카롭고 조급해 보인다.

성루에 있는 탑의 사각 문 안에 시계 부속품들이 보인다. 들어가니 거대한 톱니바퀴와 진자가 앞을 가로막는다. 벽에 전시된 수백 년 전의 시계 부품이 스위스의 시계 역사를 자랑하는 듯하다. 무제크 성벽의 탑 중 가장 높은 33미터의 이 탑은 1442년에 건립했고 1535년에 시계를 설치했다.

루체른 호수에서 일하는 어부들도 볼 수 있게 하느라 시계를 크게 만들어 지름이 7미터쯤 된다. 그 당시 루체른의 모든 사람은 세상에서 가장 정확한 시계를 가진 셈이다. 현대의 아날로그 시계는 치차(齒車)가 가진 오차(誤差) 때문에 부정확하고 디지털 시계는 발진(發振)이라는 질병 때문에 항상 정확한 것은 아니다.

그러나 시계가 하나뿐이라면 오차나 발진 때문에 시간을 잘 못 판단할 일은 없다. 손목시계가 보급된 순간, 시계는 시계 본연의 기능을 이미 잃어버렸다. 그러나 루체른 시계탑의 정신은 휴대전화가 보급되면서 환생을 했다. 휴대전화가 표기하는 시간은 통신사에서 받기 때문이다.

03
지난 여름에 있었던
일을 사람들이 알게 하고

유명하다는 것은 대체로 실망을 하지 않아서 좋다. 보지 않았을 때는 호기심을 자극하고 보았을 때는 공감을 쉽게 할 수 있다. 새로운 영감을 받기도 한다. 그러나 유명하다고 하는 조각품의 사진이나 그림을 보거나 이야기를 듣다가 막상 실물을 대하면 사람들은 실망하곤 한다. 덴마크 코펜하겐에 있는 '인어 동상'과 벨기에 브뤼셀에 있는 '오줌싸개 동상'이 그랬다. 그러나 '빈사의 사자상'은 달랐다.

무제크 성벽에서 500미터쯤 떨어진 레벤가르텐스트라세 Lowengarten strasse 에 있는 이 사자상은 1792년 8월 10일 루이 16세와 마리 앙투아네트를 호위하다 죽은 786명의 스위스 용병의 죽음을 기리기 위해 1821년에 세웠다. 프랑스 시민군은 스위스 용병들에게 도망갈 기회를 주었지만, 이들은 '계약 기간이 끝나지 않았다.'는 이유로 자신들이 있어야 할 자리에서 죽음을 맞이했다.

높이가 10미터쯤 되는 석회암에 수직 벽을 만들고 그 벽을 파서 조각을 했다. 십자가가 그려진 방패 앞의 사자는 스위스 용병을 상징한다. 사자의 등에는 프랑스 혁명군이 찌른 창이 꽂혀 있고 사자는 고통 때문인지 눈을 반쯤 감고 미간을 찌푸리고 있다. 고통의 정점을 지나 이제는 미동할 힘조차 남아 있지 않는 양 기묘한 표정이다.

의무를 다 했음으로 다시는 자신의 삶을 방해하지 말라는 뜻인지 사자상 앞에 연못을 설치해서 사람의 발길과 손길을 막아 놓았다.

1869년에 발행된 《철부지의 외국 여행기 The Innocents Abroad》에서 마크 트웨인 Mark Twain은 이 사자상을 '세계에서 가장 슬프고 감동적인 바위'라고 했다. 마크 트웨인은 의무를 다하고 죽어가는 사자의 고통을 느꼈던가 보다. 그러나 지금은 도떼기시장처럼 어수선하고 시끄럽다. 이곳이 전몰장병 기념비와 같이 스위스 용병을 위해 추모하는 장소가 아니라면 네덜란드의 피터 소년 동상이거나 정확한 위치도 모른 채 만들어진 모차르트의 묘지처럼 사람을 불러 모으는 마케팅용 석상이리라.

사자상 근처에 1872년에 발굴을 시작한 빙하공원이 조성되어 있다. 자연이 남겨준 기념물과 사람들이 만든 기념물이 한 공간에 공존한다. 자연의 유물은 감탄과 활발한 토론이 필요한 것이고 인간의 추모물은 통탄과 침묵이 필요한 것인데 속성이 다른 이 두 기념물의 입구는 동일하다. 감탄과 통탄도 감정이란 뿌리는 하나이기 때문일까. 감탄이라는 환희와 죽음이 남긴 통탄도 어차피 한 공간에서 이루어지는 삶이어서 그런 것일까.

고지식하게 약속을 지키다 죽어간 용병들의 신용과 용맹은 오늘날 고객의 자산을 충실하게 지켜주는 스위스 은행이 있도록 했고 2차 대전 때는 독일의 침략을 피하게 했을 것이다. 자본이 계속 스위스 은행에 몰리는 것을 보면 스위스 은행은 틀림없이 약속을 지킨다는 증거이다. 창과 방패를 든 용병은 갔지만, 컴퓨터와 제트 전투기로 무장한 첨단 용병이 스위스의 전통을 잇고 있는 것은 아닐까.

교회는 야트막한 언덕에 있다.

샬레와 나무 골조가 다 드러나는 옛 건물들이 교회를 둘러싸고 있다. 스위스도 미관지구나 풍치지구라는 이름으로 문화재 근처는 개발을 제한하는가 보다.

계단을 한참 올라가니 호프 교회의 전면이 웅장하다.

앞면에 있는 돌들은 기계로 가공한 듯 정교하다. 수성페인트인지 시멘트를 물에 풀어 발랐는지 표면이 깨끗하다. 전면 양쪽에 두 개의 탑이 솟아 있고 그 꼭대기에는 뾰족한 지붕이 하늘을 찌른다.

탑 귀퉁이에 있는 돌은 정교하게 다듬어진 새 돌이지만 탑의 안쪽 몸체를 구성하는 돌은 거칠고 누렇게 산화되어 세월을 녹여 낸다. 양쪽의 탑과 본당의 전면은 건축 방식도 자재도 다른 것으로 보아 교회 본당은 개보수나 재건축이 된 모양이다.

스위스 문화재 관리청은, "분실된 부분의 교체는 전체적으로 조화를 이루어야 한다. 그러나 교체된 부분은, 복원이 예술적, 역사적 증거로서 왜곡되지 않게 하려면 원래의 부분과 구별이 되게 해야 한다."는 1964년에 만들어진 베니스 헌장[Venice Charter]을 충실하게 따르는가 보다.

알러하일리겐 교회, 카펠 교, 슈프로이어 교, 호프 교회처럼 보존이 잘된 문화재를 보기 위해 전 세계에서 온 여행객들이 루체른에 들끓는다.

04
할 수 있는 일과
할 수 없는 일을 구분하면서

　로이커바드, 체르마트, 고르너그라트, 마터호른을 떠날 때는 너무 조용해서 아쉬운 마음이 들었지만 루체른은 그렇지 않다. 도시의 인파와 소음으로부터 멀어질 수 있어 오히려 홀가분하다.

　오전에 왔던 2번 고속도로를 다시 탄다. 유람선에서 본 아름다운 호숫가 헤르기스빌^{Hergiswill}을 이번에는 왼편으로 두고 지나간다. 햇살에 드러난 마을은 오전보다 더 화려하다. 집의 벽들은 불이 들어온 하얀 간판처럼 더 희고 선명해졌다. 호수는 녹색에서 파란색으로 청명해졌고 호수 건너편 리기 산의 녹색은 금가루가 뿌려진 듯 군데군데 황금빛을 낸다.

　2번 고속도로를 벗어나 오버발덴^{Oberwalden} 주로 달려간다. 터널을 통과하자 평야다. 또 긴 띠처럼 생긴 회색 콘크리트다. 알프나흐^{Alpnach} 비행장이다. 세계에서 제일 큰 도시인 뉴욕도 주변에 공항을 JFK, 라구아디아^{La Guardia}, 뉴어크^{Newark} 세 곳만 두고 있는데 유럽의 작은 도시인 루체른에 비행장은 세 곳이나 된다.

　남쪽으로 갈수록 평야는 점점 좁아지고 길은 조금씩 가팔라진다. 햇빛을 반사하는 사넨^{Sarnen} 호를 바라보고 있는데 갑자기 버스가 터널 속으로 들어간다. 터널을 통과해서 뒤돌아보니 호수 근처에 마을이 있다. 마을 주민은 차도를 터널로 만들어 조용해졌을까 모르겠지만 여행자에겐 볼거리가 하나 없어진 셈이다. 버스는 30초도 안 되는 시간 동안 사넨 호의 끝을 보여주더니 또 터널로 들어간다.

터널은 차량의 소음이나 도로 건설용지 확보 때문에 생긴다. 그러나 터널은 공짜가 아니다. 터널은 지속해서 유지 보수해야 하는 돈 빨아들이는 블랙홀이다. 이 돈은 결국 세금으로 충당해야 한다. 관광 수입을 먹고 입는데 전부 쓰면 국민의 복지는 좋아지겠지만, 정부는 터널·케이블카·도로를 유지하고 보수하는데 끝없이 투자해서 아름다운 자연을 유지해야 한다. '돈과 총칼'로 평화를 지키고 '돈과 불편 감수'로 환경을 개선해야 한다. 터널을 나온 버스가 좌우로 방향을 연신 비틀며 고개를 올라간다.

산 아래 둑이 쌓여 있고 호수 안에는 사각형의 돌들이 쌓여 있다. 둑에서 20미터쯤 떨어진 호수 가운데에 탑이 서 있다. 여태껏 보아왔던 스위스의 호수와는 달리 기슭에 돌을 정교하게 쌓아 놓았다. 루체른 호수의 수위를 조절하기 위해 만든 인공 호수다.

룽게른Lungern 마을의 중심을 도로가 통과한다. 음식점과 호텔들도 여럿 보이는 것으로 보아 이곳 주민은 조용한 주거 환경보다는 사업에 관심이 더 많았는가 보다.

스위스에서는 자기 집에 유리창을 새로 내는 것도 이웃의 동의를 구해야 한다. 유리창을 내려면 법에 정한 기간만큼 게시한 후, 그 기간 내에 이의 제기하는 사람이 없어야 창문을 낼 수 있다. 누군가 유리창을 내는 것에 반대하면 양쪽의 의견을 들어보고 마을회의에서 유리창을 낼 것인지 내지 말 것인지 결정한다.

마을의 모습은 주민들 다수의 생각을 반영하고 있는 것이다.

브뤼니그패스 정상에 오르자 기차역이다. 체른과 인터라켄Interlaken을 연결하는 골든패스라인Golden Pass Line의 역이다. 고갯길을 올라오는 동안 기찻길을 보지 못했는데 어디로 기찻길이 연결되어 있는지 신기하다. 산 아래부터 정상 근처까지 굴속에서 올라오다가 바깥으로 나온 모양이다.

산 아래로 내려오자 또 비행장이다. 밀리터리 마니아Military Mania와 사진 동호인 사이에는 유명한 마이링겐Meiringen 공군 기지다.

비행장 바로 옆에 농가가 있어 전투기가 이착륙할 때 산 위에서 사진을 찍으면 전투기와 샬레 혹은 전투기와 소가 동시에 나오는 사진을 찍을 수 있어 평화와 전쟁처럼 극과 극으로 대비된 사진 촬영이 가능한 곳이다.

스위스 공군은 훈련 공역空域이 좁아서 공대지 훈련은 스위스 영토 내에서 하지 못한다. NATO 회원국인 노르웨이의 욀란드Orland 공군기지까지 가서 훈련해야 한다. 그런데 스위스는 NATO 회원국이 아니다. EU 회원국도 아니다. UN에도 2002년에야 가입을 했다. 하지만 NATO 회원이 아니어도 NATO 군의 공군기지를 사용하고 훈련에 참여한다.

우리나라도 사정은 비슷하다. KD-3 구축함에 있는 SM-2미사일이나 하푼미사일^{Harpoon}은 최대 사정거리가 길어서 태평양에서 훈련하는 환태평양 훈련(RIMPAC $^{the\ Rim\ of\ the\ Pacific\ Exercise}$)이나 가야 쏠 수 있다. 2,000킬로미터를 날아가는 장거리 순항 미사일을 개발하려 해도 충분한 발사거리를 확보한 시험장이 없으면 남의 나라 영토를 빌려야 한다. 이런 현실 때문에 자주국방은 하기 싫어서 하지 않는 게 아니라 하고 싶어도 난감한 상황 때문에 하기 어려운 상태다.

산비탈을 내려온 버스는 아레^{Aare} 강을 건넌다. 다리의 오른쪽으로 가면 인터라켄이고 왼쪽으로 가면 마이링겐이다.

마이링겐에는 유명한 라이헨바흐 폭포가 있다. 코난 도일$^{Arthur\ Conan\ Doyle}$의 추리소설 《최후의 사건》에서 주인공인 셜록 홈즈가 이 폭포에서 죽으면서 사람들에게 널리 알려졌다. 주인공을 잃은 독자들의 항의에 못 이겨 코난 도일은 《셜록 홈즈의 귀환》에서 주인공을 다시 살려낸다.

인터라켄을 향하자 브리엔츠^{Brienz} 호수에서 좌측으로는 해발 2,928미터에 어두운 각섬암으로 형성된 슈파르츠^{Schwarzhoren} 호른이 검은 뿔처럼 솟아있고 우측으로는 자연보호 구역인 2,197미터의 호간트^{Hohgant} 호른이 뻗어나간다.

강이 있고 산이 있는 완만한 경사지에서는 집을 짓고 살거나 농사를 짓기가 좋다. 유입되는 인구가 늘면 가장 좋은 곳을 중심으로 집이 퍼져 나간다. 산기슭 근처나 물가 근처에서 주택 건축을 멈추면 좋으련만 사람들은 축대를 쌓아 경사가 심한 곳에도, 물이 코앞인 곳에도 집을 짓는다. 산으로 간 사람은 산을 뒷마당으로 삼고 물로 간 사람은 강과 호수를 앞마당으로 가진다.

산과 호수의 주인은 수십 년마다 갑자기 나타나서 밀렸던 사용료를 받으러 온다. 물난리가 나면 대개 국가에서 대비를 잘 못했기 때문이라고 하나 기상 이변에 의한 재해는 아무리 대비해도 사람의 힘으로 막지 못한다. 관청의 잘잘못은 그런 재해를 맞았을 때 대응하는 '규정과 절차'의 존재 여부와 그 '규정과 절차'에 맞추어 적절하게 관리를 했는지만 따져야 한다. 관청의 본질적인 잘못은 자연의 소유물을 개인이 사용하도록 허가를 내어 준 데 있다. 그러나 이런 땅을 그냥 내버려두기엔 돈을 사랑하는 사람에게는 너무나 매력이 크다.

겨울이면 스위스의 산악 관리인은 헬리콥터를 타고 다니면서 산의 경사가 심한 곳은 다이너마이트를 터뜨려서 눈사태를 일으킨다. 자연 발생하는 눈사태는 그 규모가 커서 나무가 부러지고 숲이 망가지며 가옥이 휩쓸리는 등 피해가 커지기 때문에 규정과 절차에 따라 세심하게 관리한다.

버스에서 내리자 험상궂게 생긴 삼각형의 거대한 암벽이 나를 내려다본다. 노스페이스North Face다. 해발 3,970미터인 아이거Eiger 북벽이다. 수직에 가까워 사람의 접근을 거부하는 이 절벽은 64명의 목숨을 앗아갔다. (2010년 6월 기준)

1936년 독일인 토니 쿠르츠Toni Kurt와 안드레아스 힌테슈토이저Andreas Hinterstoisser, 오스트리아인 빌리 앵거러Willy Angerer와 에디 레이니어Edi Rainer가 노스페이스를 오르다 앵거러의 부상과 기상 악화로 등정을 포기하고 하산한다. 하산 도중 안드레아스는 추락하고 에디 레이니어와 앵거러는 동사한다. 마지막 생존자 토니 쿠르츠는 구조대가 있는 근처까지 하강을 하다 로프가 짧아서 공중에 매달리게 된다. 구조대는 마지막 생존자를 뻔히 보면서도 구조할 방법을 찾지 못하고 토니 쿠르츠는 아름다운 마을을 눈앞에 두고 밧줄에 매달린 채 서서히 얼어 죽는다.

노스페이스 등반사에서 가장 비극적이었을 이 죽음은 2008년에 〈노스페이스〉라는 제목의 영화로 제작되었다.

율리 스텍Ueli Steck은 1995년부터 노스페이스를 등정하기 시작해서 2008년까지 총 7번이나 등정에 성공했다. 2008년에는 노스페이스를 2시간 47분 만에 등정해서 세계 신기록을 보유하고 있다.

방을 배정받고 보니 통 유리창에 베테르호른Wetterhorn이 가득하다. 산의 중턱부터 정상까지 구름에 덮여 있는데 마치 뿌연 갓을 씌운 형광등처럼 구름 전체가 빛을 뿜는다. 그 아래는 햇빛을

받지 못해 어둡다. 구름이 움직이자 환하게 밝아지면서 절벽의 얼굴이 드러난다. 오른쪽은 매끈한 피부를 가졌으니 왼쪽은 기칠거칠하고 군데군데 눈이 쌓여 있다. '아수라 백작'의 얼굴처럼 좌우가 극명하게 대비된다.

산 정상 근처의 구름이 점점 밝아진다. 구름이 옅어지는 모양이다. 구름 중심부는 하얗고 주변은 연한 황금색이라 황금달걀처럼 보인다. 달걀이 점점 커지더니 서서히 바람에 풀어진다. 그 사이로 눈 덮인 베테르호른의 정상이 나타난다.

정상은 만년설이다. 만년설이 햇빛을 반사해 구름을 형광등처럼 빛나게 한다. 구름이 완전히 걷히자 정상은 더욱 하얘지고 회색의 바위는 밝은 모래색으로 바뀐다. 어두컴컴하고 스산하며 거칠게 보였던 곳도 햇살이 들자 화려해진다. 이래서 구름을 역경逆境이라 하고 해는 순경順境이라 하나 보다.

해가 점점 기울자 산 중턱은 다시 그늘 속으로 들어간다. 산 아래가 어두워지자 정상은 더 밝아진다. 사람들이 높은 곳에 오르려는 이유는 화려한 빛이 그곳에 있기 때문인가 보다. 하지만 세상 사람들이 주목하는 높은 곳은 좁고 바람이 세다. 날씨와 기온의 변화가 심하다. 이런 자리는 해가 있을 때 잠시 머무르다 내려와야 한다.

해가 지자 세상은 음지와 양지의 구분이 없어졌다. 산은 밝고 어두운 질감으로만 존재한다. 시간은 점차 그 질감마저 없애버려 하나의 검은 면으로 남는다. 빛이 사라지면서 미美와 추醜의 구분이 없어지고 세상은 어둠으로 하나가 되었다.

저녁 메뉴는 돼지고기 요리다.

독일어권 사람들은 쇠고기보다 돼지고기를 즐긴다. 소는 우유와 치즈를 생산하는 데 쓰고 돼지는 식용으로 쓴다. 소시지나 햄으로 사용되는 고기는 거의 돼지고기다. 일품요리의 종류도 소고기보다 돼지고기를 사용한 것이 훨씬 많다.

수프가 나왔는데 감자수프다.

나는 감자로 만든 음식을 무척 좋아하지만, 독일식 감자스프를 보면 겁을 낸다. 언젠가 독일 출장 중에 조그만 호텔에서 감자수프를 주문했더니 감자를 걸쭉하게 갈아서 크림과 버터를 듬뿍 넣어 끓인 후 파슬리Parsley를 살짝 뿌려 내놓았다. 여기에 통후추를 듬뿍 갈아 넣고 맛을 보니 세상에 그렇게 콤콤한 듯 고소할 수가 없었다. 이 수프와 통밀빵 두 개를 먹자 포만감 때문에 메인 메뉴를 제대로 먹을 수 없었다.

지금 나온 수프는 묽고 양이 작아서 안심이다. 그런데 주 메뉴인 돼지고기 요리는 돼지가 풀밭에서 매일 뛰어놀았는지 고기가 빽빽한 정도가 아니라 딱딱하다.

Part 06

때로는
가장 높은 곳에서
가장 낮은 곳으로

이탈리아

늦잠을 잤다. 날은 밝았으나 그린델발트 계곡은 아직 짙은 그늘 속에 있다. 반투명의 얇은 커튼을 걷고 산 정상을 본다. 하늘은 산토리니^{Santorini} 섬 이아^{Oia} 마을의 교회 지붕처럼 새파랗고 구름은 바람에 흩어지며 떠다닌다.

  계곡은 깊어서 해는 아직 동쪽 산을 넘지 못했다. 일몰 후 어두워진 절벽은 아직도 그대로이다. 어제는 어둠이, 오늘은 짙은 그늘이 그렇게 만들고 있다. 높은 하늘에는 부드럽게 부풀려진 솜처럼 구름이 펼쳐 있고, 산정에는 솜사탕처럼 생긴 뭉게구름이 일어난다. 정상 근처의 구름은 햇빛을 산란시켜 하얀 아크릴 간판처럼 빛난다. 햇빛이 너무 강해서 군데군데 그늘진 부분이 있던 구름은 흰색 평면이 되었다. 빛은 세상을 밝혀 구석구석을 자세히 드러내기도 하지만 너무 강한 빛은 미묘한 차이를 지워 버린다.

마침내 해가 산 위로 올라왔다. 햇빛은 구름의 두께가 얇은 곳을 뚫는다. 구름이 해를 살짝 벗어나자 절벽도 얼굴을 보인다. 마침내 절벽도 깨어났다.

오늘은 쉴트호른Schilthorn 정상, 뮤렌Murren 마을, 트뤼멜바흐Trummelbach 폭포와 인터라켄을 간다. 인터라켄에서는 융프라우에 구름이 끼지 않으면 전망대에 올라가서 풍광을 보고 그렇지 않으면 시내 관광을 할 예정이다.

밤 사이에 비가 내렸는가 보다. 비가 내린 정도가 아니라 천둥까지 쳤다고 한다. 비를 머금어 녹색 잔디는 야광 물질이라도 발랐는지 반짝거리며 한층 더 파래진 것 같다. 풀밭에는 소들이 한가로이 풀을 뜯는다.

풀밭을 질러온 트랙터Tractor 한 대가 차도로 들어온다. 스위스 판 경운기다. 길이 구불구불한 왕복 2차선 도로에서 버스는 트랙터 뒤를 추월도 하지 못하고 천천히 따라간다.

트랙터는 포뮬러 레이싱카Fomular Racing Car처럼 차체가 낮고 타이어의 폭이 넓다. 경사 심한

언덕과 미끄러운 초지에서 작업을 원활하게 하기 위한 디자인인 모양이다. 건설 현장에서 쓰이는 차륜형 굴삭기를 축소한 후, 붐^{Boom} 대신 쟁기와 버킷^{Bucket}을 붙여 놓았다. 농부는 뒤에 따라오는 차들을 배려할 생각이 없는지 덜덜거리며 도로를 간다.

 승용차들은 대나무로 만든 장난감 뱀처럼 관절을 꺾으며 트랙터 뒤를 따라간다. 10분을 따라가면서도 어떤 차도 경적을 울리지 않는다. 추월하는 차도 없다.

 이곳의 젊은 사람들도 시골에서 살지 않으려고 한다. 시골에서 일할 사람이 없으면 농업이나 축산업의 생산성이 떨어진다. 초지와 마을 주변의 조경을 돌보지 않으면 토사 유실이 일어나 관광산업에도 영향을 미친다. 그래서 스위스 연방정부는 시골에서 일하는 노동력을 동유럽에서 수입한다. 이들은 봄부터 가을까지 이곳에서 농사를 짓고 겨울에는 자신이 왔던 곳으로 돌아간다.

01
떨어지는 것이
아름다운 것도 있고

    트랙터가 마침내 풀밭으로 들어갔다. 버스가 탁 트인 길을 유유히 달린다. 좀 달린다 싶더니 이번에는 기차 건널목에서 걸렸다. 1분쯤 기다리자 파란 차체에 노란 띠를 두른 기차가 지나간다. 라우터브루넨으로 가는 기차다. 개울을 건너 좌회전을 하여 라우터브루넨으로 길을 잡는다. 넓었던 골짜기가 초등학교 운동장처럼 좁아졌다. 이곳을 개천과 철도와 도로가 나누어 쓴다. 비가 좀 내리면 기찻길이 물에 잠기고 그다음에 도로가 물에 잠기게 생겼다.

    계곡이 좁아지자 차도는 절벽을 파서 길을 냈다. 다시 계곡이 넓어지자 계곡과 계곡이 교차하는 곳에 '소리 나는 샘'이라는 라우터브루넨Lauterbrunnen이 나온다. 마을 서쪽 누렇고 불그스레한 절벽에서 물이 떨어진다. 물이 바닥까지 떨어지기에는 너무 높은지 공중 분해되어 하얀 분가루처럼 날린다. 흩날리는 물, 먼지 폭포라고 하는 슈타우바흐Staubbach 폭포다.

    계곡을 계속 올라가자 갑자기 탁 트인 초원이 나온다. 폭이 1킬로미터는 될 듯하다. 라우터브루넨 아래쪽은 좁은 협곡이었는데 이곳은 넓다. 드문드문 집들도 보인다. 초원의 양 끝에 절벽이

솟아올라 있는데 오른쪽은 약 3백미터 정도이고 왼쪽은 그 두 배이다. 그래서인지 계곡은 날이 밝았어도 그늘져 있다.

계곡은 여태까지 보아온 V자나 U자가 아니라 凹자이다. 폭포수가 절벽을 타고 흐르는 것이 아니라 역경사가 진 탓에, 공중에서 분해된다.

절벽과 평지가 만나는 곳에는 낙석인지 산사태 탓인지 깔때기를 반 잘라 세워 놓은 것 같은 녹색 언덕이 50미터쯤 솟아 있다. 절벽 면은 휘었고 뒤틀린 지층은 단면을 그대로 보여준다. 풍화 작용 때문에 곳곳이 떨어져나가서 절벽은 우둘투둘하다. 녹색의 이끼와 풀, 작은 나무들이 절벽의 곳곳에서 자라는데 손으로 자른 고

르곤졸라^{Gorgonzola} 치즈를 잘못 보관해서 말라 비틀어진 것 같다. 계곡 깊숙이 들어갈수록 뒤틀린 지층 때문에 방향을 알 수가 없다. 뒤틀린 지층면은 떨어지고 풍화가 이루어져 무늬가 복합한 마블 케이크의 단면처럼 보인다.

또 폭포다. 높이 280미터의 스피스바흐^{Spissbach}다. 이름 그대로 폭포의 수량이 적어서 낙하하던 물줄기는 안개처럼 퍼지더니 공중에서 흔적도 없이 사라진다. 검은 바위에 떨어지는 물은 시멘트 가루가 떨어지는 듯하다. 폭포가 또 나타나는데 이번 폭포는 수량이 많다. 폭포 중간마다 둥글둥글하게 돌출된 바위에 물이 떨어지면서 면사포처럼 넓게 퍼진다.

02
높이 오른다고
자유로운 것도 아니고

쉴트호른으로 올라가는 스테겔베르그^{Stechelberg} 케이블카 역에는 월요일 이른 아침임에도 사람들로 북적거린다.

하얀 얼굴, 노란 얼굴, 까만 얼굴들이 야구모자, 등산모, 히잡, 차도르, 터반, 야구모자, 자전거 헬멧을 쓰고 역으로 몰려든다. 심지어 오토바이 헬멧처럼 생긴 것까지 뒤집어쓰고 있어 근처의 모자 가게가 바겐세일을 한 것 같다. 거기다 무슨 쌀자루처럼 생긴 배낭을 메고 가는 스위스 젊은이들도 있어 호젓해야 할 산골 마을에 오일장이 선 것 같다.

오늘이 강림절이어서 국경일이라고 한다.

케이블카 역은 버스가 줄줄이 연착된 시외버스 터미널 같다. 버스야 정원 초과를 해서 차가 퍼져도 두려울 것이 없으나 케이블카는 승객이 많이 타면 걱정된다. 정원이 꽉 차는 것도 모자라 쌀자루를 멘 젊은이들이 많이 타서 더 불안하다.

케이블카는 깨끗하기는 하나 거의 골동품 수준이다. 빨간 페인트 칠이 벗겨진 곳이 있는가 하면 무엇엔가 부딪힌 흔적이 곳곳에 남아있다. 케이블카의 유리창은 전투기의 조종석을 덮는 둥근 유리창Canopy에 쓰이는 폴리카보네이트Polycarbonate 같다. 기름 먼지가 창틀 구석에 끼어 있고 여기 저기 긁힌 자국들이 나를 더욱 불안하게 한다. 천천히 움직이던 케이블카가 서서히 플랫폼을 빠져나오자 "헉" 소리가 저절로 나올 정도로 가속을 한다. 한국에서 타는 케이블카들보다 훨씬 빠르다. 산의 경사도가 가파라서 출발하는 게 아니라 미사일처럼 발사된 느낌이다.

순식간에 라우터브루넨 계곡이 한눈에 들어온다. 융프라우Jungfrau, 그로스호른Grosshorn, 브레이트호른Breithorn의 북사면에 있던 빙하가 만든 계곡이다. 계곡은 각이 잘 잡힌 사각의 농수로처럼 생겼다.

동편 절벽은 아직도 그늘 속이라 어두운 회색이고 서편 절벽의 바위들은 햇볕을 받아서 밝은 회색, 모래색, 빛 바랜 붉은색으로 화사하게 빛난다. 같은 장소, 같은 시대에 형성된 지형이라서 같은 성분임에도 햇빛이 드는 위치에 따라 그 색깔이 다르다.

케이블카의 고도가 높아질수록 다양한 감탄사가 터져 나온다.

풀밭은 녹색 카펫이 되었다. 집은 성냥갑이 되었고 아스팔트는 검정 파이프가 되었으며 개울물은 하얀 털실이 되었다. 절벽 아래는 군데군데 깔때기처럼 퇴적된 토사 위에 나무가 자란다. 토사가 흐르는 것을 막고자 나무를 조밀하게 심고 관리를 했을 것이다. 여태까지 본 숲에서 심한 경사면에 있었던 숲은 모두 이렇게 가꾸어진 인공림일 것이다.

중앙 케이블을 지지하는 탑을 지나면서 케이블카가 출렁거리자 승객이 비명을 지른다. 케이블카가 속도를 줄이며 역에 정차한다. 고도 1,363미터의 김멜발드^{Gimmelwald} 역이다.

케이블카는 산 아래서 정상까지 가는 직행인 줄 알았더니 갈아타는 완행이었다.

경사가 40도는 될 것 같은 왼편 언덕에 집이 있다. 그 집에서 50미터쯤만 내려가면 폭포가 있는 수직 절벽이다. 저 집에서 사는 사람이 어떻게 생활하는지 궁금하다. 물은 어디서 끌고 올까. 하수는 어떻게 처리할까. 전기는 사용할까. 한다면 전기를 어떻게 공급받을까. 시장은 어떻게 보고 아이들 학교는 어떻게 보낼까. 공놀이 하다가 절벽 아래로 공이 떨어지면 어떻게 주워올까.

이 마을에 오려면 융프라우에서 브레이트호른을 거쳐 쉴트호른으로 이어지는 알프스 산맥을 넘어오던가 아니면 스테겔베르그 역 근처의 절벽 아래서 암벽 등반을 해서 올라와야 한다. 오래전 이곳에 살던 사람들은 지배세력의 간섭을 받기 싫어서, 자유로운 삶을 누리고자 이곳에서 고립을 택했을 것이다.

03
얽히고설킨들, 나무
한 그루도 키우지 못할 바에

경치 좋은 자리를 잡으려고 사람들이 꼼지락거린다. 아이들은 어른들 사이를 파고든다.

케이블카는 4천 미터 가까이 되는 글레처호른^{Gletscher}, 미타그호른^{Mittag}, 그로스호른^{Gross}, 브레이트호른으로 이어지는 알프스 산맥의 북사면을 마주 보며 올라간다.

알프스 산맥 북사면은 군데군데 드러난 짙은 회색의 암석을 제외하곤 하얀 눈이다. 동쪽으로는 2,080미터의 묀히스뷔펠^{Monchsbuffel}이 수직 절벽처럼 솟아 케이블카에 그늘을 드리운다. 케이블카가 뮈렌에 가까이 가자 묀히스뷔펠 절벽에 가렸던 아이거의 정상이 나타나고 노스페이스도 나타난다. 그린덴발트에서 보았던 노스페이스는 이등변 삼각형이었는데 이곳에서는 수직선이다.

"산이 거기 있어 오른다."

조지 말로리^{George Mallory}의 이 말은 노스페이스에서는 적용할 수 없다. 거기란 가본 사람만이 알 수 있는 장소다. 노스페이스는 수직의 암벽이라 발 디딜 틈조차 없어서 노스페이스의 거기란 한 점

Session Six　　Page 194　•　때로는 가장 높은 곳에서 가장 낮은 곳으로

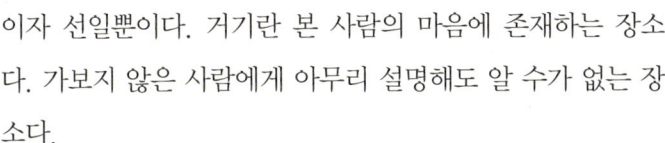

이자 선일뿐이다. 거기란 본 사람의 마음에 존재하는 장소다. 가보지 않은 사람에게 아무리 설명해도 알 수가 없는 장소다.

해발고도 1,650미터의 뮤렌 역에 케이블카가 도착하자 쌀자루 같은 배낭을 멘 젊은이들이 우르르 내린다. 비르그[Birg] 역으로 향하는 케이블카의 고도가 묀히스뷔펠보다 높아지자 아이거와 노스페이스의 웅장한 모습이 다 드러난다.

뮤렌은 절벽 끝을 따라 북쪽으로 오밀조밀하게 늘어서 있다. 늘어나는 관광 수요에 맞추느라 절벽 끝을 따라가며 확장을 한 모양이다. 스위스에서는 사람도, 차도, 건물도 벼랑 끝을 좋아하나 보다. 케이블카가 구름 높이까지 올라가자 회색 지붕의 건물은 회색 색종이로, 마을을 감쌌던 풀은 당구장의 카페트로, 마을 위 언덕 전나무 숲은 녹색 수세미로 바뀌었다. 뮤렌은 기념품가게에서 파는 점토 모형처럼 작고 아담해졌다.

케이블카는 고도를 급격히 높이며 비르그 역까지 올라오더니 실트호른까지는 거의 수평으로 이동한다. 남쪽 능선에는 온통 이끼류가 펼쳐지고 북쪽 능선엔 눈만 덮여 있다.

쉴트호른에 오르자 마침내 알프스의 고봉들이 장엄하게 펼쳐진다. 구름이 지나가다 창끝 같은 산봉우리와 칼날 같은 능선에서 흩어진다. 세상은 파란 하늘과 하얀 구름, 거무스레한 산과 흰 눈뿐이다. 세상은 조용하고 단순해졌다. 아이거, 융프라우, 묀히, 브레이트호른을 비롯해 알프스의 산봉우리를 가장 많이 감상할 수 있는 2,970미터의 쉴트호른이다.

정상에는 여행자를 위한 식당과 극장이 있으며 스키어를 위한 편의시설을 갖추고 있다. 통조림 속의 파인애플처럼 생긴 전망대는 한 시간에 360도를 회전한다. 하늘은 맑았으나 동쪽부터 남쪽까지는 구름이 끼어 아이거, 묀히, 융프라우, 글레처호른, 미타그호른, 그로스호른은 보이지 않는다.

에스컬레이터를 타고 이층 전망대로 간다.

옥외 전망대로 나가자 싸늘한 냉기가 몸을 경직시킨다. 가져온 옷을 배낭에서 모두 꺼내 겹겹이 입는다. 햇살과 눈에 반사된 햇살이 어울리며 눈이 부시다. 선글라스를 낀다. 이 선글라스는 레이밴 Ray Ban의 전설적 모델인 에이비에이터 Aviator다. 1995년에 사들인 이후 유행이 왔다가 가기를 두 번쯤 했다.

선행상품기획자로 살아온 내게 이 레이밴은 죽비와 같은 상품이다. 비행기가 고고도 비행을 하게 되면서 조종사가 눈의 피로를 호소하자 이 문제를 해결하기 위해서 바슈롬 Bausch Romb에서 1937년에 에이비에이터 선글라스를 출시했다. 그러나 이 선글라스는 2차 대전 후반까지도 전투기 조종사는 사용하지 못했다. 당시 폭격기와 전투기에는 여압장치가 없어서 물안경 같은 고글 Goggle을 써야만

했었다. 그러다 B-29 폭격기가 개발되자 물안경 고글은 필요가 없어졌다. B-29는 오늘날의 여객기처럼 기체를 밀폐하고 여압기로 실내에 압력을 가했기 때문이다. 자연히 폭격기 승무원이 에이비에이터 모델을 많이 사용하면서 눈에 띄기 시작했고 맥아더 장군이 착용하면서 이 제품은 사람들에게 알려졌다.

1937년도는 마케팅이니, 상품 컨셉이니 하는 개념이 있던 시절은 아니었다. 그럼에도 에이비에이터의 기획자는 소비자인 조종사의 니즈와 비행 환경을 잘 알고 있었고 그 당시 재료의 특성에도 정통했던 것 같다. 조종사가 필요로 했던 안경이 눈의 피로를 감소시키며 착용감이 편안하고 시야 확보를 쉽게 할 수 있어야 한다는 점을 파악했었던 것 같다.

에이비에이터의 기획자는 눈의 피로를 감소시키기 위해서 안경알에 자외선을 막는 코팅렌즈를 채택했고, 착용감을 좋게 하려고 안경테는 가벼운 강선鋼線을 택했다. 요즘이야 카본Carbon이나 티타늄Titanium 같은 초경량 첨단소재가 있지만 70년 전에는 그런 게 없었으니 강선은 최고의 선택이었다. 나무나 플라스틱도 좋겠지만, 강도 유지를 위해서는 안경테가 두꺼워져 적 전투기를 신속하게 포착해야 할 파일럿의 시야를 가리므로 사용하기가 곤란했을 것이다.

소비자의 요구를 모두 맞추다 보면 제품의 원가가 과도하게 상승하거나 디자인이 이상해지는 경우가 많은데 에이비에이터 모델은 기획과 디자인이 엔지니어링의 문제를 거의 다 해결했다. 그래

서 엔지니어링 파워가 약하면 상품기획과 디자인으로 해결해야 한다. 그뿐만 아니라 에이비에이터는 소비자의 니즈에 어떤 식으로 제품 디자인과 소재가 선택되는지를 쉽게 보여주는 사례일 뿐더러 개발 배경이 어떻게 스토리 마케팅과 접목되는지를 보여준다.

전망대 난간을 한 바퀴 돈다.
만년설에 덮인 뾰족한 알프스의 산봉우리들이 360도로 펼쳐진다. 4천 미터의 세상은 흰 눈과 검은 바위뿐이다. 생명이라곤 없는 죽음의 별처럼 보인다. 동쪽 하늘에서 바람에 쓸려가는 구름과 눈

 이 부시도록 새파란 하늘만이 이곳이 생명체가 살 수 있는 별이라는 것을 알려 준다.
 　빛을 받아 다이아몬드처럼 반짝이는 알프스의 정상들이 수없이 펼쳐진다. 그러나 아름답지는 않다. 정상에 오르면서 마터호른처럼 장엄하고 위엄 있는 알프스의 고봉들을 상상했었는데 아니었다. 아름다운 것들도 과하면 존재감이 없어진다. 그래서 얽히고설킨 산들 보다는 고고한 마터호른의 자태가 훨씬 우아하고 카리스마가 있었나 보다.
 　얽히고설킨 네트워크로 서로서로를 얽매고 살기보다는 고독한 자유를 택하는 편이 더 아름다운 삶일까? 무엇을 위해 높이 오르려 했던가. 하산하는 케이블카는 바람에 흔들리고 내 몸도 흔들린다.

04
생각이라도 하면
보이지 않는 것도 볼 수 있을까

뮤렌 역을 빠져나와 비탈길을 걷는다.

이름 모를 노란색, 보라색, 흰색의 조그만 야생화들이 피어 있는 풀밭에 지그재그로 난 길을 따라 실트호른 정상 쪽으로 간다. 경사가 가파른 곳에는 2미터쯤 되는 각목을 삼발이처럼 만들어 눈사태를 막기 위해 땅속 깊이 박아 놓았다. 언덕에 경사가 좀 있다 싶으면 눈사태 방지 시설을 하는 것 같다.

시원한 공기에 보드라운 흙길을 밟으며 얼마나 걸었을까. 계곡의 좌우와 위아래를 관망하기에 좋은, 봉긋하게 튀어나온 능선에 있는 벤치에 앉는다.

오전과는 달리 동편의 절벽에도 햇살이 들자 생기가 돈다. 얼룩덜룩했던 회색의 절벽은 비둘기처럼 밝은 회색으로 바뀌었고 철분이 산화한 곳은 누런색, 황토색으로 화장했다. 중간마다 돌출된 바위에는 짙은 초록의 작은 나무가 자라며 절벽 전체를 밝게 한다.

나무는 바위틈에 뿌리를 내렸다. 여름과 가을에 내린 비는 이 틈새로 스며들었다가 겨울에는 이 빗물이 얼면서 바위의 틈을 벌릴 것이다. 해마다 나무는 점점 더 뿌리를 깊이 내렸을 것이다. 그러면서 물은 더 많이 들어가고 얼음도 점점 커져 결국에는 바위가 갈라져 내릴 것이다. 바위가 떨어지면 나무도 절벽에서 떨어진다. 더 성장하려고 발버둥치는 나무의 움직임이 결국 죽음을 부른다.

절벽 아래 쌓인 흙과 돌은 절벽의 주검이다.

이곳에서 잠시 머물다 가는 사람의 눈에는 절벽의 나무가 아름다움을 더하겠지만 수백만 년 동안 이 자리에 있었던 절벽은 나무가 사신일 뿐이다.

절벽에서 자라는 한 그루의 나무.

이 나무는 절벽에서 최대한 살고자 했을 것이다. 있어야 할 자리가 아니니까 자리를 옮겨야 되는 것 아니냐고 의문을 갖지도 않고, 자리를 옮길 방법도 알지 못해서 그냥 그 자리에서 열심히 살았을 것이다. 어디에서 무엇을 충실하게 하는 것이 행복한 것인지도 모른 채 살려고 발버둥치다가 나무는 결국 추락한다. 내가 처한 상황도 모르고 미래에 무슨 일이 일어날지도 모른 채 그저 자신이 할 수 있는 일을 하다가 죽음을 맞이한다.

멀리 보려면 높이 올라가면 된다고 생각했었다.

쉴트호른 꼭대기에서 본 숱하게 많은 고봉은 마터호른 하나를 보는 것만 못했고, 로이커바드에서 내려다본 깊은 계곡은 공포심만 불러왔다. 멀리 보는 것도 때로는 답이 없다.

하늘이 왁자하다. 비행하는 패러글라이딩들이 머리 위로 지나간다. 왼편 언덕에서 쌀자루 같은 배낭을 멨던 젊은이들이 이륙 준비를 하고 있다. 산에서 뛰어 내리기만 하면 되는 패러글라이딩은 공짜인줄 알았더니 이것도 공짜는 아니었다. 고도도 대가를 지불해야 얻을 수 있는가 보다. 눈에 보이지 않는 것을 보게 하는 것은 생각인가 보다.

돌부리 하나 없는 평평한 산책로를 야생화 향기가 스며 있는 시원한 공기를 마시며 역으로 내려온다.

05
모여서
모치 모치 Moitie-moitie 퐁듀를 먹으며

스위스의 대표적인 음식은 치즈를 녹여 감자, 피클 등과 같이 먹는 라클렛Raclette과 스위스식 감자튀김인 뢰스티Rosti이다. 퐁듀도 유명하기는 하나 대표 선수는 아니고 주로 여러 사람이 모였을 때 먹는, 일종의 잔치 음식이다.

퐁듀를 만드는 방법을 브리야 샤바랭Jean Anthelme Brillat-Savarin의《미식예찬》에서 살펴보면 "대접할 손님의 수만큼 달걀을 준비해서 무게를 잰다. 달걀 무게의 3분의 1만큼의 좋은 그뤼에르 치즈와 6분의 1만큼의 버터를 준비한다. 냄비에 달걀을 잘 푼 다음 버터와 채 썰거나 얇게 저민 치즈를 넣는다. 후추를 넉넉하게 친다."라고 소개한다.

그러나 구전되는 모치모치 퐁듀는 오래 되어 딱딱해진 치즈를 냄비에 넣고 포도주를 부어 끓인 후 빵을 찍어 먹는 것이다.

브리야 샤바랭의 방법과 구전을 비교하면 차이가 너무 크다. 브리야 샤바랭의 방법대로 하면 버터와 달걀이 들어가고 와인은 들어가지 않는다. 이 방법대로 요리하면 거의 에그 스크램블Egg Scramble이나 에그 수플레Egg Souffle가 될 판이다. 어느 것이 맞는 이야기인지 모르겠으나 요즘의 퐁듀 조리법은 스위스 도시에 사는 부자가 여행 중에 산골 마을 여관에 묵다가 퐁듀 맛을 보고 집으로 돌아와 도시적으로 변형한 것이 아닐까라고 생각한다.

라우터브루넨 역 앞 레스토랑에서 모치모치 퐁듀를 주문했더니 베이지색 크림스프처럼 생긴 음식물을 빨간 냄비에 담아서 내놓았다.

알코올버너에 퐁듀가 슬슬 끓기 시작하자 백포도주의 향기가 퍼진다. 곧이어 콤콤한 치즈 냄새가 난다. 포도주가 치즈 속에 배어 들어갈 새를 못 참고 학의 다리처럼 가늘고 긴 포크로 껍질이 붙은 빵조각을 찍어서 녹은 치즈 속에 넣고 휘휘 저어 꺼냈다.

걸쭉한 치즈가 뚝뚝 떨어진다. 냄비 위에서 뱅뱅 돌리며 치즈가 굳기를 기다렸다가 입에 넣자 백포도주의 상큼한 향이 먼저 나오고 곧이어 퀴퀴한 치즈 향이 풍긴다. 빵을 씹자 포도 알이 터지듯 포도주가 흐르고 치즈의 끈적끈적한 질감이 느껴진다. 딱딱했던 빵 껍질은 반건조 오징어처럼 말캉말캉하다.

치즈와 포도주의 향이 상당히 강해서 이 두 발효식품에 익숙하지 않은 사람이 즐기기에 모치모치 퐁듀는 편한 음식은 아니다. 치즈를 좋아한다고 하는 사람일지라도 오리지널 스위스 치즈는 짜고, 냄새가 고약해서 부담스러울 수가 있다.

사용하는 치즈 종류에 따라 퐁듀의 이름도 다르게 불린다. 누샤텔누와즈 Neuchteloise, 모치-모치등 치즈의 혼합에 따라 여러

가지 풍듀가 만들어진다. 지금 먹는 모치-모치 풍듀'는 그뤼에르 치즈에 프리부르그산 바슈랭Vacherin Fribourgeois 치즈를 더해서 만들었다. 시간이 충분하고 혼자 여행하면 푹 삭힌 홍어수준의 냄새가 나는 아펜첼 치즈가 들어가는 풍듀를 먹고 싶지만 이번엔 불가능하다. 10개쯤 먹자 빵과 치즈만 먹었는데도 알딸딸해지고 몸에서 열이 난다. 키르슈Krisch라는 체리술을 풍듀에 넣지 않았는데도 그렇다.

옛날에는 귀했을 음식이다. 《미식예찬》의 기록에 보면 달걀과 버터가 주를 이루었다는 음식인데 치즈 소비를 늘리기 위해 낙농업자들이 한잔의 적포도주나 초콜릿이 심장병을 예방한다는 식으로 마케팅을 하면서 풍듀를 띄우지 않았나 싶다. 그래서인지 초콜릿 풍듀도 있다.

스위스 정통 음식을 먹는 김에 스위스에서만 마실 수 있는 음료수를 부탁하니 리벨라Rivella라는 붉은색 상표가 붙은 갈색 플라스틱 병을 가져왔다. 한 모금 마셔보니 사과 향이 들어간 탄산음료이다. 무엇으로 만들었는가 물었더니 유청Whey이란다.

유청은 우유에서 치즈를 만들고 남은 허연 물이다. 허연 까닭은 미세한 우유의 단백질이 함유되어 있기 때문이다. 대개는 가축의 사료로 쓰든가 정화해서 하수도로 버린다.

이런 물을 우유 냄새라곤 전혀 없는 탄산수 같은 음료수로 바꾸어 놓았다. 유청을 미세한 필터Filter로 통과시켜 우유 입자를 걸러낸 다음 탄소 필터같이 강한 탈취 공정을 여러 번 거친 후 인공 향료, 색소, 설탕, 탄산가스를 넣었을 것이다.

　추출된 우유입자는 훼이프로틴$^{Whey\ Protein}$이라는 근사한 이름을 얻었다. 옛날부터 새똥을 고성능 착색제로 변신시킬 줄 알았던 이곳 사람들이 우유 부산물을 가지고 우유 맛이라곤 전혀 없는 음료수를 만든다고 해서 놀랄 일은 아닌 것 같다.

　오전에 케이블카를 타러 갔던 그 길을 또 다시 올라간다. 그런데 같은 자리이건만 느낌이 다르다. 오전에 동편의 절벽이 어두웠기에 서편의 절벽이 아름다웠던 것일까. 아니면 한 낮의 햇살이 계곡에 고스란히 스며든 탓일까. 오른편의 절벽과 폭포는 오전처럼 화려하지가 않다. 자연도 화려하게 보이려면 어딘가는 그늘이 있어야 하나보다.

06
햇살이 들지 않는
굴에도 폭포는 떨어진다

    풀밭에 난 길가에 하얗고 노란 야생화들이 피어 있다. 나무 그늘에 모인 누런 소들이 풀을 뜯는다.

    스위스 치즈도 품질이 계절별로 다를 것 같다. 한 포도원에서 생산된 와인일지라도 해마다 기후 때문에 맛이 조금씩 달라지듯 치즈도 소가 어떤 풀을 먹고 우유를 생산했느냐에 따라 다를 것이다. 싱싱한 풀과 꽃을 먹고 생산한 우유에서 만든 치즈는 꽃향기와 단맛이 들어갈 것이다. 겨울에 생산되는 우유는 여름에 생산되는 우유보다 지방 함량이 더 많을 것이다. 봄이나 여름의 우유로 생산된 스위스 치즈는 '야생의 꽃과 약초가 함유된 치즈', 혹은 '에델바이스 치즈'이고 겨울에 생산된 우유로 만든 치즈는 '혀에 감기는 치즈'가 되겠다.

    스위스에서 치즈를 휠^{Wheel}채로 살 수 있다면 5, 6월에 만든 꽃향기가 들어 있을 치즈를 사고 싶다.

    풀밭 사이로 난 길로 절벽 아래까지 갔으나 폭포는 보이지 않는다. 이 곳에 있는 트뤼벨바흐 폭포는 절벽에서 떨어지는 물이 아니라 굴속에서 떨어진다.

굴에는 10개의 폭포가 있으며 해발 3,970m 아이거, 해발 4,099미터의 묀히Monch와 해발 4,158미터의 융프라우Jungfrau에서 연간 2만 톤의 물을 쏟아 낸다.

10개의 폭포를 보기 위해 엘리베이터를 탄다.

터널 내부엔 터널 구조를 잘 볼 수 있도록 조명을 설치해 놓았다. 엘리베이터는 수직으로 올라가는 것이 아니라 6, 70도쯤 되는 경사를 푸니쿨라Funicular처럼 오른다.

터널에서 나오니 온종일 왔다 갔다 하며 본 계곡이다. 계단을 올라가자 물이 부서지는 소리는 점점 더 커진다. 절벽 틈 사이로 난 계단을 계속 따라가자 물소리는 "따다다다" 하는 팀파니 소리로 바뀌었다.

물은 끊임없이 떨어지며 소沼를 수없이 만든다. 소에서는 폭포수가 하얀 거품을 일으키며 뱅뱅 돌다가 희뿌연 물이 되어 좁은 틈으로 끊임없이 쏟아지며 흐른다. 굴속에서 크고 작은 폭포 10개에는 100미터쯤 되는 높이에서 끊임없이 물이 떨어진다.

동굴을 나오자 해는 서산으로 기울었다.

오전에 화려했던 서쪽의 절벽은 이제 어두운 음지가 되었고 음지였던 동편의 절벽은 오후의 붉은 해를 받아 화사해졌다. 시곗바늘을 돌리는 톱니바퀴는 태양도 회전시켜 공평하게 빛을 나누었다.

저 절벽 아래 어딘가에 쥐구멍이 있을 것이다. 서편에 사는 쥐나 동편에 사는 쥐나 볕이 드는 시간을 하루에 한 번씩 가진다. 그런데 어떤 머리 좋고 부지런한 쥐가 햇살이 비취는 시간대를 알고 오전에는 서편 절벽으로, 오후에는 동편의 절벽으로 자리를 옮기면 어떻게 될까.

이 쥐는 따듯한 햇볕을 온종일 즐길 수 있을 것이다. 그러나 이 쥐는 햇살을 찾아 이동하면서 예측할 수 없는 위험을 감수해야 한다. 독수리의 날카로운 발톱을 피해야 하고 차도를 넘을 땐 순식간에 달려드는 차량의 바퀴를 피해야 한다. 그리고 매일 다니던 길에 자신의 체취를 제거해서 여우나 뱀의 사냥감이 되지 말아야 한다.

햇살을 즐길 수 있는 것은 길을 무사히 건너가기 위한 지혜와 위험을 돌파한 노력의 대가인 셈이다. 그렇다고 햇살을 무한정 즐길 수 있는 것은 아니다. 매일 햇볕을 쬐다 보면 살이 타서 피부암에 걸릴 수도 있다. 자기 자신을 다스리지 못하면 제 명을 재촉하는 셈이다. 좋은 것을 즐기기 위해선 모험과 고생을 해야 하고, 즐기면서는 자신의 마음을 엄격하게 관리해야 한다. 무엇이든 정도가 지나치면 아니함만 못하다. 좋은 것을 쫓아서 자신의 생명을 잠식할 것이 아니라 내 몸의 불편함을 감내하는 지혜가 필요하다.

명과 암이 공존하는 라우터브르넨 계곡

Part 07

절제는
호숫물도
투명하게 한다

뮤온은 우주선Cosmic Ray이 대기 상층부와 충돌할 때 생성되어 지상으로 내려온다. 뮤온은 1/220만 초 존재하다가 소멸한다. 빛의 속도로 움직여도 뮤온은 136미터만 이동할 수 있다. 그런데 지상에서 뮤온을 측정할 수 있다는 것은 뮤온의 시간과 지상의 시간이 다르게 흐른다는 것을 의미한다.

뮤온을 측정하는 스핑크스 관측소Sphinx Observatory가 있는 융프라우 정상을 볼 수 없다니 아쉽다. 또 때가 맞지 않았다.

인터라켄 시내 구경을 하면서 자유 시간을 갖기로 한다.

쇼핑몰에서는 우렁찬 중국어 사이로 일본어와 한국어가 조곤조곤 들린다. 이곳이 스위스인지 홍콩의 어느 백화점인지 구분이 되지 않는다.

쇼케이스에 진열된 시계는 장식이 커지면서 디자인이 복잡해졌다. 캐비노티에의 혼이 들어간 시계도 아니고 정확한 시간을 보기 위한 시계도 아니다. 10년 전에는 얇고, 작고, 단순한 미니멀리즘 디자인이 유행이었다. 이런 미니멀리즘적인 디자인이 아이폰 같은 디지털 기기도 절제와 단순함의 미학을 갖도록 했고 그래서 질리지 않는 디자인이었다. 그러나 눈앞의 시계는 크고, 두껍고, 복잡하고, 무겁고 반짝이는 아령이다.

절제의 미학을 가진 아이폰이 눈이 어지럽도록 복잡한 시계를 찬 손목과 조화가 되는 걸까? 스위스 제품은 세계 최고라고 생각해서 스위스 제품만 쓰는 이곳 사람들도 이렇게 비싼 스위스 시계는 차지 않는다.

시계 가격은 최소 이천 프랑 이상이다. 이제 시계는 시간을 보기 위한 계측기가 아니다. 중세의 귀족들이 자신의 권위를 눈부신 보석으로 치장했듯 요즘 사람들은 시계로 자신의 부를 자랑하는 모양이다. 이 광경을 캘빈이 보았다면 어떤 표정을 지었을까.

종교개혁을 하면서 캘빈은 귀금속 착용을 금했었다. 그 결과 귀금속세공업자는 전업했고 스위스 시계 산업이 발달한 계기가 되었다. 사람들의 욕망은 풍선과 같아서 눌러봐야 다른 쪽으로 튀어나온다. 사람들이 만든 제도 또한 규제가 심하면 규제가 덜한 곳으로 이동한다.

01
호수와 호수 사이의 도시, 인터라켄에서

　빙하가 움직이면 큰 바위나 돌들도 빙하에 묻어 이동한다. 빙하가 녹거나 갑자기 푹 꺼진 지형이 나오거나 흐름이 약해진 곳에 바위나 돌들이 쌓인다. 이렇게 쌓인 바위나 돌들은 빙하가 사라진 후에도 그 자리를 지키며 물의 흐름을 방해한다. 유속이 느려지면 퇴적물이 쌓이기 시작한다.

　인터라켄은 호수를 의미하는 라켄^{Laken}과 사이를 의미하는 인터^{Inter}가 합쳐진 말이다. 빙하가 옮겨놓은 퇴적물과 상류 지역인 마이링겐, 그린델발트, 라우터브루넨 일대에서 내려온 토사가 오랜 시간 쌓이면서 생긴 땅이다. 오랜 시간이 지나면서 토사가 점점 높아져 마침내는 둑이 되어 상류에는 브리엔츠 호수를, 하류에는 툰 호수를 만들어 놓았다.

　브리엔츠 호수에서 내려온 물은 툰 호수로 내려가는 동안 두 개의 보를 지난다. 보가 없었다면 푸른 물가에 붉은 지붕이 있는 아름다운 도시가 아니라 푸른 물가에 개흙이나 돌덩어리들이 가득했을 것이다.

　사람들은 아름다운 호수 풍광을 가꾸어냈지만, 많은 눈이 쌓이고 봄에도 눈이 녹지 않는 어느 여름에 폭우가 쏟아지면 인터라켄은 큰물을 맞이해야 할 것이다. 루체른은 그에 대한 대비로 홍수 조절용 인공 호수를 만들어 대비하지만, 인터라켄은 주변에 홍수 예방용 시설은 보이지 않았다.

하천을 직선으로 만들고 둑을 견고하게 쌓고 산사태 방지를 위해서 위험지역에 나무를 심고 관리하고 있으나 엄밀하게 자연을 통제할 수는 없다. 인간은 자연이 사용료를 요구하면 지불할 수밖에 없다. 자연엔 공짜란 없다. 다만 자연이 매년 사용료를 받으러 오는 것이 아니라 수십 년에 한번 찾아오기 때문에 대다수 사람들은 자연이 이용료가 없는 공짜인 줄 착각한다.

인터라켄 시내는 관광 도시라서 그런지 휴일이라서 그런지 사람들이 많다. 시내 중심가만 잠시 둘러보고 다시 만나기로 한 약속 장소로 돌아간다.

패러글라이더가 착륙하는 공터에 유럽산 BMW이거나 미국산 오토바이가 모여 있다.

미국 바이커들은 냄비 같은 헬멧에 동그란 선글라스를 쓰고 휘날리는 콧수염과 있는지 없는지 알 수 없는 목에 허벅지만한 팔뚝과 장 항아리만한 배를 자랑한다. 우람한 체격의 미국 바이커와 달리 마른 사람이 많고 수염을 기르지 않은 사람이 많다. 막상 날씬한 바이커들이 큰 오토바이와 균형이 맞지 않아서 어색하게 보인다. 두툼한 미국인 체형에는 초퍼가, 날씬한 유럽인의 체형에는

BMW가 어울린다.

　약속 장소 근처 벤치에서 본 꽃시계가 2분 가량 늦게 간다. 지나가는 주민에게 시계가 틀리다고 했더니 '스위스 시계가 틀리면 안 된다'며 시청에 이야기 하겠다고 한다. 스위스는 시계뿐만 아니라 정밀 기계를 잘 만든다. 방공포는 세계 최고다. 서울의 하늘을 지키는 방공포는 에리콘 Oerlikon이라는 스위스 회사 제품이다.(독일의 라인메탈이라는 회사에 합병) 정확한 것을 좋아하는 국민성이 정교한 제품을 만들게 한 모양이다.

　서양에도 우리의 뼈다귓국 같은 악스테일수프 Ox Tail Soup가 있다. 하지만 서양 사람들은 뼈를 국으로 먹기 보다는 구이로 먹는다. 매로우 본 Marrow Bone이란 요리는 뼈를 반으로 갈라 허브와 향신료를 뿌려 오븐에 구운 후 젤리처럼 된 골수를 떠먹는다.

　저녁 메뉴를 꼬리곰탕으로 정했다. 배추김치, 깍두기, 미역무침, 고사리무침이 반찬으로 나왔다. 김치를 한 점 조심스럽게 집는다. 오래간만에 먹는 김치다운 김치라서 김치에 젓가락이 자꾸 간다. 한국의 반대편, 스위스에서 만난 한국 음식의 맛과 모양새는 서울의 식단과 별 차이가 없다. 주인이 나와서 인사를 하는데 젊은 사람이다. 젊은 사람들은 새로운 변화를 쉽게 수용하고 과거와 현재의 차이를 잘 메우는가 보다.

　꼬리곰탕은 노르스름하면서 뽀얀 국물에 꼬리 두 토막과 채 썬

파가 둥둥 떠 있다. 파는 야박스러울 정도로 쪼끔이지만 국물은 누린내 없이 고소하다. 하기야 이곳에서 사는 팟값은 한국에서 흔하게 살 수 있는 파가 아니라 아스파라거스 값을 주어야 할 테니 그럴 것이다.

시내 미그로스*에 들러서 평소에 스위스 사람들이 즐겨 찾는 포도주를 추천해 달라고 했더니 알루미늄 포일Foil도 없는, 인조 코르크 마개로 밀봉된 포도주를 보여 준다.

스위스 사람들이 일상에서 먹는 유통 속도가 빠른 포도주다. 발효해서 빚은 술에는 발효정지제가 함유되어 있는데, 유통 속도

*주 : 스위스에서 슈퍼마켓은, 도시엔 미그로스Migros가 많고 시골 지역엔 코압Coop이 많다.

가 빠른 술에는 발효정지제를 넣지 않았을 것 같다.

버스는 인터라켄을 뒤로 하고 A8 고속도로에 오른다. 툰 호수를 보면서 우회전을 해서 제스트라세^{Seestrasse}의 호반을 달린다.

길은 툰 호수에 바짝 붙어 있다. 바람 부는 날에는 호수 물이 도로 위로 금방이라도 넘어올 듯 호수 면과 길의 높이가 비슷하다. 탁 트인 호숫가를 달리던 버스는 절벽이 나오자 절벽을 깎아 만든 길로 올라간다. 스위스인들에게 절벽은 단절이 아니라 이곳과 저곳을 연결하는 장애일 뿐인가 보다. 200미터 정도의 절벽에서 버스가 달린다.

물빛은 청옥색과 옥색이 뒤섞여 있다. 물은 투명해서 고궁의 단청 위에 래커^{Laquer}를 두껍게 칠한 것 같기도 하고 투명한 유리 아래 옥색의 물이 가득한 것 같기도 하다. 수심에 따라 물의 색깔이 바뀌고 시간과 위치와 날씨에 따라서 수시로 물의 색이 바뀐다. 흐르는 물이 항상 새로운 물이었듯이 호수도 항상 새로운 색으로 태어나는가 보다.

    길이 절벽에서 끝나고 다시 호숫가로 연결되자 고즈넉한 마을이 나타난다. 나타났다 사라지고 사라졌던 마을이 또 나타난다. 길을 내는 것은 지나가는 차들뿐이다. 버스가 속도를 줄이더니 첨탑이 있는 건물의 주차장으로 들어간다.

    오베르호펜 Oberhofen 이다.

02
마음과 마음을 이어주는 영혼의 상품, 오베르호펜의 호수와 성에서

　오베르호펜에 있는 지붕의 기와와 건물의 벽은 오랜 시간 햇살에 노출되고 비바람에 시달려서인지 생기를 잃었다. 정원수는 집을 초라하게 할 정도로 크다. 작은 가게도 보이지 않고 왕래하는 인적조차 없어 사람이 살지 않는 마을 같다. 그럼에도 마을의 집들은 명문 종가 고택처럼 우아하고 품격이 있어 보인다.
　경사로를 내려가는데 차도 왼쪽으로 파란 사이클을 탄 두 라이더Rider가 숨을 몰아쉬면서 언덕을 올라온다. 스위스는 자전거 도로가 잘 되어 있다고 해서 어디를 가나 길가에 자전거 전용 도로가 있는 줄 알았더니 그게 아니다. 자동차도로의 오른편을 달리는 자전거를 자동차 운전자가 배려하고 있을 뿐이다.
　호숫가로 들어가는 골목길이 11시 방향으로 나 있다. 파란 호수, 눈 덮인 2,362미터의 니에센Niesen 정상과 이름 모를 산들이 푸른 하늘 아래 시원스레 펼쳐진다.
　호숫가에는 관광객이 경치를 관람하면서 쉬어가거나 사진도 찍을 수 있도록 부두 비슷하게 생긴 구조물을 세워놓았다. 꽃으로 난간을 장식했다. 어디를 가나 조금 흉하거나 허전하다 싶으면 꽃으로 장식해서 인공물도 자연 속으로 끌고 들어간다. 자세히 눈여겨보지 않으면 자연인지 인공인지 구분하기가 어렵다.

　멀리서 옥색처럼 보였던 물은 눈앞에선 투명하다. 투명한 물이란 아무것도 없는 물이다. 아무것도 없는 물이 합쳐져서 맑은 옥색이 된다. 그렇게 스위스 주민이 여행 중에 보이지 않았던 것은 물처럼 투명한 마음을 가지고 물처럼 몸을 낮추어 다니기 때문인가 보다. 그 투명한 물이 모인 호수가 스위스인의 마음인가 보다.

　호수 바닥엔 여린 황토색의 자잘한 돌이 깔렸다. 호수에 바람이 불자 수면이 찰랑거린다. 찰랑거리는 수면에 햇살이 부서지며 반짝거린다.

　백조도 오리도 물고기도 보이지 않는다. 사람도 보이지 않는다.

　13세기 초에 지어진 오베르호펜성은 베른 역사 박물관이다. 호수와 맞닿은 성은 경사가 완만한 산이 뒤를 가려 주고 앞으로는 호수가 있어 보는 이를 시원하게 한다.

　초콜릿색 지붕에 30미터 정도의 첨탑 두 개가 하늘을 찌르고 주 첨탑 주위에 부 첨탑 3개가 설치되어 안정감을 준다. 지붕은 창기병들이 쓰는 창의 손잡이를 거꾸로 박아 놓은 것 같다.

　성 안으로 들어가자 부두에서 본 것과는 달리 평범하기 그지없는 돌덩이 성이다. 정원은 프랑스의 베르사이유 궁과 오스트리아의 쇤브룬 궁의 정원에 비하면 새끼손톱만한 정원이지만 호수와 산의 풍광과 어울리며 이 작은 정원을 평온하게 한다. 산과 호수가 한눈에 들어오는 이 정원이 사람의 마음을 정갈하게 한다.

꽃씨를 심기 위해 두 명의 정원사가 실을 치고 도면을 수시로 확인하면서 꽃씨를 심는다. 화단을 가꾸면서 정밀 기계를 가공하듯 자신들이 한 일을 확인하고 검사를 한다. 여행 중에 본 아름답고 자연스러웠던 화단은 모두 저 과정을 거쳐 만들어졌으리라.

매년 신제품이 나오는 전자제품은 속도가 생명이다. 하지만 스위스 시계처럼 수명이 긴 제품이나 소장품 같은 것을 만들 때는 확인에 또 확인하는 습관이 중요하다. 신용은 해마다 나오는 상품이 아니기 때문이다. 신용은 한번 탄생하면 영원히 가야 하는 마음과 마음을 이어주는 영혼의 상품이기 때문이다.

03
빛과 그림자는
어디서나 공존하고

낙서가 지저분한 건물 입구에 경관이 서 있다.
사고가 난 줄 알고서 가이드에게 무슨 일이 생긴 것 아니냐고

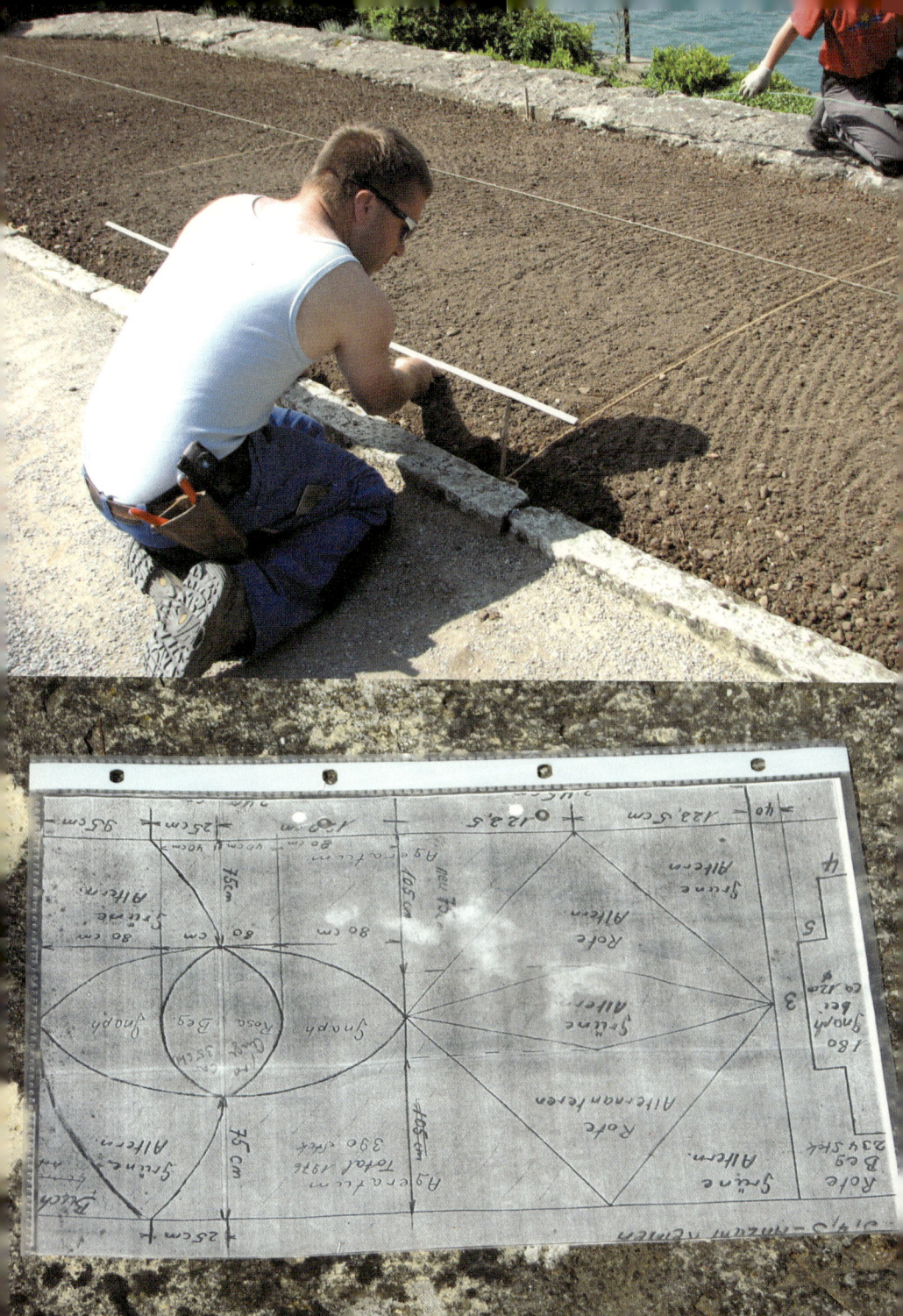

물었더니 저 건물에서 마약을 할 수 있도록 주사기를 나누어주는 곳이란다. 에이즈 확산을 막기 위해 마약을 하고 난 후 주사기 바늘을 갖고 나가지 못하도록 경관이 감독하는 것이란다. 벌건 대낮에 그것도 경찰이 입회한 가운데 마약을 하다니 신기한 세상이다. 아름답고 밝은 줄만 알았던 스위스에도 어두운 곳은 있었다.

사람 사는 곳은 다 그런가 보다.

빛과 그림자는 어디서나 공존한다. 라우터브루넨 계곡은 그래서 아름다웠다. 가난과 부도 빛과 그림자처럼 공존한다. 그러나 가난과 부의 공존은 아름답지 않다. 저 건물을 찾는 사람들은 왜 저렇게 되었을까. 라보 포도밭의 포도처럼 저들도 부모의 보살핌을 받을 때는 귀한 포도였을 텐데. 저들이 버려진 포도가 된 이유는 무엇일까.

"만약 그가 젊은 시절에 한 번이라도 약물을 써보거나 힌두교 사원을 찾아가 본 적이 있었다면 인간의 폭이 넓어졌을지도 모르지요."

스티브 잡스가 빌 게이츠를 평한 말이다.

잡스는 마약을 하면서 사물의 이면裏面을 보았던 것일까. 그렇다면 그는 이면을 보고 제자리에 돌아왔을까.

현대 의학의 치료를 거부하고 극단적 채식주의자로 생활한 것을 보면 그런 것 같지는 않다. 법적으로 규제를 받는 마약으로부터는 벗어났을 수는 있으나 자기가 신봉한 환상의 세계에 빠져서 치료시기를 놓쳐버렸다. 그 결과 그는 일찍 세상을 떠나야 했다. 사물의 이면을 볼 수 있었던 덕에 소비자가 생각하는 이면도 볼 수 있었지만, 종교적 환상의 이면은 보지 못한 것 같다.

지금 저곳을 찾는 사람 중에서 몇 명이나 현실의 세계로 돌아올 수 있을까.

장미공원에 장미꽃이 보이지 않는다.

이곳은 예전에 양지바르고 물 잘 빠지는 언덕 위의 공동묘지였다. 죽음이 장미로 환생한 공간이다. 그러나 지금은 장미꽃처럼 화사한 옷차림의 관광객들만 공원을 메우고 있다. 사람들 사이를 가로질러 돌담에 서자 베른 구시가지와 아레 강이 펼쳐진다.

빛 바랜 붉은 지붕들이 다닥다닥 붙어 있다. 붉은 도미노를 늘어놓은 듯하다. 성당, 시계탑, 의사당은 도미노의 방향을 바꾸는 분기점처럼 보인다. 강은 베른 구시가지를 휘감고 돈다. 경사가 완만한 지형에 생기는 곡류천이다. 브리엔츠 호수에서 빠져나와 인터라켄을 관통하고 툰 호수를 거친 후 베른까지 직선으로 달려온 옥색의 강물은 이곳에서 굽이치며 숨을 고른다.

큰물이 들면 이런 곳은 물이 빨리 빠져나가지 못해서 유속이 느려지고 퇴적물이 쌓여 강물이 쉽게 범람한다. 원래 홍수 피해를 보기 쉬운 곳인데 상류와 중류에 둑을 쌓아 강을 직선으로 만들면 유속이 빨라져 강이 숨을 고르는 지형에 있는 도시는 적은 비에도 물이 넘친다. 먼저 도착한 물이 구비치며 숨을 고르다 뒷물에 떠밀려 벌건 얼굴로 제방 위로 올라간다.

상류에 사는 사람들이 강의 길을 무단으로 사용하는 바람에 하류에 사는 사람이 더 큰 피해를 당하는 셈이다. 이곳이 홍수의 피해를 덜 보려면 브리엔츠 호수나 툰 호수의 수위를 낮추어 두어야 한다.

베른 시가지로 내려가는 경사면에는 돌을 평면으로 박은 것이 아니라 언덕 위쪽이 튀어나오도록 비스듬하게 박아 보행자가 미끄러지지 않도록 했다. 올라올 때는 좋았는데 내려가는 길에서는 구두 앞코가 돌부리에 걸려 불편하다.

베른의 어원은 곰이다. 베를린도 곰이 상징물이다. 천 년 전쯤에는 북유럽에 곰이 흔했나 보다.

그 베른의 곰 공원에 곰이 없다.

곰 공원은 말이 공원公園이지 구덩이에 가깝다. 곰이 놀 수 있는 땅을 확보하고 곰과 관객 사이에 깊은 도랑이 있는 현대식 공원이 아니라 커다란 원형 구덩이 속에 곰을 가두어 놓았었다. 운동 부족으로 체중이 불어나는 곰을 본 베른 시민들이 얼마 전에 뜻을 모아 너른 풀밭을 확보해서 곰을 옮겼다고 한다.

04
절제는 호숫물도
투명하게 한다

    나이덱^{Nydegg} 다리를 건너자 아케이드가 길 양옆으로 6킬로미터나 이어진다. 천 년 전에 지어진 주상복합 건물로 지붕을 아치로 덮어 놓았다. 아케이드 파사드와 통로를 모두 아치형으로 설계해서 건물의 하중을 지탱하고 직선 일색인 건물의 외관을 부드럽게 하고 있다. 얼마를 걸어가자 아인슈타인 하우스이다.

    크람가세^{Kramgasse} 49번지에서 아인슈타인은 스위스 연방 공과대학을 다니던 밀레바 마리치$^{Mileva\ Maric}$와 결혼해서 1903년부터 1905년까지 신혼생활을 보냈다. 당시 베른 특허청 직원이었던 그는 이곳에서 상대성 이론을 비롯하여 과학 논문을 작성했다.

    그는 하나의 몸으로 두 개의 시간을 산셈이다. 고민을 많이 해야 하는 특허심사 업무를 진행하면서 자신이 좋아하는 연구를 병행했다. 자신이 좋아하는 연구와 생활을 유지하기 위해 마지못해 하는 업무를 보면서 빛보다 빨리 흘러가는 시간과 시계보다도 늦게 흘러가는 시간을 그는 이곳에서 보냈었다.

    주변을 돌아보니 일행들이 없다.

    햇빛을 정면으로 맞으며 계속 갔던 방향으로 일행을 쫓아간다.

치트글로게 시계탑에서는 매 시간 정각에 인형들이 종을 치는 쇼를 한다. 시계탑 아래 인형이 펼치는 쇼를 보기 위해 사람이 모여 있다.

중세시대에는 마을마다 어김없이 이렇듯 높이 세워놓은 시계탑이 하나씩 있었다.

사람들은 하나의 시계를 공유했다. 그러나 시계를 볼 줄 모르는 사람이나 시계를 볼 필요가 없는 사람에게 시계는 그저 장식이 화려한 액세서리일 뿐이었을 것이다.

시계탑의 시계는 시간을 만든다. 하루를 24등분해서 모두에게 나누어 준다. 나누어진 시간을 사람들은 각자의 의지로 사용한다. 시간이 지나가면 각자 시간을 어떻게 사용했느냐에 따라 얻은 결과는 다르다. 시간은 누구에게나 공평하게 주어졌지만, 어떤 일을 수행했느냐에 따라 차이가 발생한다. 시작은 같았으나 끝은 다르다. 누구의 시간은 느리게 갔고 누군가의 시간은 빨리 갔을 것이다.

시계는 시간이 지나가면 반드시 정산을 한다. 학교는 성적으로, 회사는 고과로, 음식점은 입소문과 별의 개수로, 서점은 베스트셀러로 환산한다. 처음에는 같은 곳에 있었지만, 시간은 각자의 위치를 달라지게 한다.

시계는 행동하는 사람을 위해서 존재한다. 언제까지 무엇을 할 것인지, 언제 누구를 만날 것인지에 대한 계획을 세우고 진행을 위한 측정 도구다.

　시계가 나누어 준 시간은 공평했으나 공짜는 아니다. 남을 위한 시간이 아니라 자신의 시간을 어떻게 활용했느냐에 따라 시간은 지식이 되고 지혜가 된다. 숨겨진 것을 자연스럽게 드러나게 하는 재화가 된다. 보이지 않던 가치를 세상에서 환산하게 한다.

　시간의 무서움은 무엇인가를 평가할 때, 누적된다는 점이다. 시간에 의해 누적된 평가는 모든 시작을 공평하지 않게 한다. 한번 쌓은 좋은 학벌은 사람의 됨됨이가 모자라고 부정을 저질러도 찢어지지 않는 포장지처럼 반복해서 사용된다.

　부는 자기 혼자서 아무리 잘해 봐야 쌓이지 않는다. 부모가 잘해야 하고 나 자신도 잘해야 하며 형제자매까지 잘해야 한다. 게다가 때도 잘 만나야 한다. 자식 대는 더 잘해야 한다. 삼대에 걸친 경제활동 중에 어느 한 대에서 잘못하면 부는 축적되지 않는다. 부를 요즘에는 개인의 능력으로 한순간에 쌓을 수 있다고 한다. 그러나 잠시 부를 쌓을 수는 있을지 모르겠으나 지속해서 부를 유지하는 일은 어려운 일이다.

　베른 구시가지 언저리에는 축대를 쌓아 놓았다. 땅이 부족했던 모양이다.

　강이 급격히 굽이치는 곳에 또 보가 있다. 보는 강물의 유속을 줄여 구시가지 경사면이 침식되는 것을 막고 수량을 확보한다. 도시가 팽창하자 산의 경사면에도 집을 지었고 심지어는 강의 수면 높이와 비슷한 곳에도 집을 지었다.

　호수에는 온갖 것들이 다 강물을 타고 내려와 모인다. 호수 상류에서 사는 주민의 생활하수도 모인다. 이 때문에 호수 주변의 농가는 초지 1헥타르 당 세 마리 이상의 소는 키울 수 없도록 규제한다. 밭에는 질소, 인산 같은 화학 비료 사용을 금지했다. 수영장에선 비누나 샴푸 사용을 금지했고 가정에서 사용하는 빨래용 세제에는 인산염이 들어 있지 않아야 한다. 주민은 물을 오염시키지 않기 위해, 환경과 친화하기 위해 생활의 불편함을 감내한다. 자신의 삶을 절제할 줄 알고 자연 앞에선 언제나 겸손하다.
　호숫물의 투명도는 그 수계에 사는 사람의 마음에 정비례한다. 마음이 어두우면 호숫물은 혼탁할 것이고 밝으면 투명할 것이다.
　호수에는 과자 봉지나 나무 조각 같은 쓰레기가 하나쯤 보일만도 한데 쓰레기는 보이지 않았다. 오히려 취리히 호수는 유리 덩어리처럼 투명하다. 상류의 주민과 호수 곁에 사는 취리히 시민 모두가 호수를 진심으로 아끼는가 보다.
　호수 바닥의 누런 모래와 녹색의 물풀이 선명하다.
　이 큰 호수에도 또 보가 설치되어 있다. 보가 없었으면 호수의 물은 많고 깊게 유유히 흐르는 게 아니라 수심이 낮고 폭이 좁은 개울처럼 졸졸 흘렀을 것이다. 루체른 호에 보가 있었고, 브리엔츠 호 아래 보가 있었다. 툰 호수 아래에도 보가 있었다.

내가 취리히 호숫물에 빠져 있는 사이에 일행은 샤갈의 스테인드글라스 작품으로 유명한 프라우뮌스터 Fraumunster 교회를 구경하고 왔다.

에필로그

변화를 주고 싶다면
불편하더라도 무대에 올라가세요

그로스뮌스터Grossmunster 교회로 간다.

스위스의 종교 개혁을 이끌었던 츠빙글리Ulrich Zwingli가 활동했던 교회. 츠빙글리의 지침은 속세에서 여관이나 용병처럼 돈을 버는 일까지 너무 엄격하게 금해서 먹고살기에 급급한 남부의 산악 지방 사람에게 반발을 샀다. 그의 종교 개혁은 1531년 카펠 전투에서 구교도와 싸우다 전사하면서 실패했다.

그의 뜻은 옳았다. 그러나 급진적이고 엄격한 잣대를 모두에게 들이댄 것이 신도들을 불편하게 했다. 세상일은 아무리 뜻이 좋아도 서두르면 실패한다. 대다수 사람은 변화를 원하지만, 막상 자기가 변화해야 할 무대에 오르는 것은 달가워하지 않는다.

교회에 있는 스테인드글라스가 유독 시선을 끈다.

두 얼굴이 마주 보고 있는 순간을 옆에서 묘사한 스테인드글라스다. 얼굴은 검고 얼굴과 얼굴 사이에 햇빛이 들어와 빛나는 술잔처럼 보인다.

눈에 보이는 이미지를 뇌가 인식할 때 나타난 한계를 보여 주는 에드가 루빈$^{Edgar Rubin}$의 꽃병을 닮았다. 사람의 얼굴을 보면 술잔이 보이지 않고 술잔을 보면 얼굴이 보이지 않는다. 망막에는 두 이미지가 모두 맺혀 있겠지만, 후두엽의 시각 영역에서는 하나만 인지한다. 눈을 뜨고 보고 있음에도 다 인식하지 못한다.

현실을 직시하려면 눈을 크게 뜨고 똑바로 보라고 한다. 그러나 두 얼굴의 인면상 스테인드글라스는 '그래도 너는 현실을 보지 못한다.'고 강변하고 있다.

현실은 얼굴과 술잔이 동시에 존재하는데 사람의 뇌는 하나만 인식하고 동시에 둘을 인식하지 못한다. 그리고 그 반쪽짜리 현실마저 동공을 지나 망막에 이미지가 맺히고 시각교차가 일어나고 시상을 지나 후두엽의 시각영역에 도착한 후, 상황을 판단하는 동안 과거가 되어 버린다.

우리 눈이 보는 것은 현재가 아니라 '눈 깜짝할 새'라는 과거이다. 그래서 요즘처럼 눈이 깜짝하는 사이에 변하는 세상을 보려면 미래를 보아야 한다. 미래를 보는 것은 눈앞의 것만 보는 것이 아니라 멀리 보는 것이다. 멀리 볼 수 있는 것은 높은 곳에 오르는 것이 아니다. 눈을 부릅뜨고 보는 것도 아니다.

시간은 인문학이든 자연과학이든 모든 지식을 잘라낸다. 잘린 지식은 쉬지 않고 끊임없이 도는 시곗바늘에 의해 더 잘게 잘려서 가루가 되고 서로 섞이며 융합한다. 융합된 지식이 오랫동안 발효가 되면 지혜가 된다. 지혜로운 사람은 미래가 어떻게 될지도, 역사가 어떻게 흘러갈 것인지도 알게 된다.

지혜로운 사람은 눈앞에 보이는 것을 그대로 믿지 않는다.

우리는 눈을 뜨고도 현실을 제대로 인식할 수가 없는 존재라는 것을 깨닫고 있으며 세상은 보이는 것보다 보이지 않는 것이 더 많다는 것을 이미 알고 있다.

스위스의 아름다운 풍경, 아니 스위스인의 땀에 의해 아름답게 가꾸어지고 있는 풍경은 삶에 대한 지혜를 나에게 환기해 주었다.